新时期思政理论课教学改革探究

朱琳◎著

吉林大学出版社
·长春·

图书在版编目（ＣＩＰ）数据

新时期思政理论课教学改革探究 / 朱琳著. -- 长春：长春：吉林大学出版社，2021.9
ISBN 978-7-5692-9794-2

Ⅰ.①新… Ⅱ.①朱… Ⅲ.①高等学校－思想政治教育－教学研究－中国 Ⅳ.①G641

中国版本图书馆 CIP 数据核字（2021）第 266322 号

书　　名	新时期思政理论课教学改革探究
	XINSHIQI SIZHENG LILUNKE JIAOXUE GAIGE TANJIU
作　　者	朱琳　著
策划编辑	董贵山
责任编辑	董贵山
责任校对	张宏亮
装帧设计	王斌
出版发行	吉林大学出版社
社　　址	长春市人民大街 4059 号
邮政编码	130021
发行电话	0431-89580028/29/21
网　　址	http://www.jlup.com.cn
电子邮箱	jldxcbs@sina.com
印　　刷	天津和萱印刷有限公司
开　　本	787mm×1092mm　1/16
印　　张	12.5
字　　数	222 千字
版　　次	2022 年 5 月　第 1 版
印　　次	2022 年 5 月　第 1 次
书　　号	ISBN 978-7-5692-9794-2
定　　价	72.00 元

版权所有　翻印必究

前言

思政课是高校立德树人的重要平台，长期以来，党中央高度重视思政课建设。而思政课的学习并不能一蹴而就，需要经过理论学习的"内化"和实践教学的"外化"两个阶段，只有两者同向同行、协同育人才可以促进学生的成长成才。因此，思政课实践教学也是高校育人的重要渠道。各大高校一直都十分重视思政课实践教学，对其进行了一系列的探索并取得了一定的成效。但因受到各种条件的制约，也存在着组织难度大，学生积极性、主动性不高，参与性不足等若干问题。随着信息化时代的发展，广大思政课老师根据思政课的特点和时代的变迁，及时对思政课实践教学方式进行了调整和革新，力求在最大限度上发挥其育人效果。

本书第一章为绪论，主要从思政教育概述、思政教学改革的意义、国内外研究现状三方面论述；本书第二章讲述了新时期高校思政教学改革环境解读，主要从时代背景解读、政策背景解读两方面论述；本书第三章为新时期高校思政教学现状，对于新时期高校思政教学特征及原则、新时期高校思政教学取得的成效、新时期高校思政教学遇到的困境及原因进行了一定的分析；本书第四章为新时期高校思政课有效课堂管理的经验总结，主要从合格的课堂管理者是构建有效课堂的基础、有效课堂管理必须发挥学生的主体作用两方面展开；本章第五章是新时期高校思政理论课教学改革途径，从新时期高校思政教育的教学内容改革创新、新时期高校思政理论课教学模式的改革、新时期高校思政理论课教学方法的改革、拓宽思政教学平台、完善高校思政协同育人教育途径、加快高校思政师资队伍水平建设、教学体系的集成创新、思政教育育人体系构建几方面展开了论述；本书第六章为新时期高校思政理论课考试方式及教学评价的改革，主要从新时期高校思政考试方式改革、新时期高校思政教学评价改革两方面进行了论述。

  在撰写本书的过程中，作者得到了许多专家学者的帮助和指导，参考了大量的学术文献，在此表达真诚的感谢。本书内容系统全面，论述条理清晰、深入浅出，但由于作者水平有限，书中难免会有疏漏之处，希望广大同行及时指正。

作者

2021 年 7 月

目 录

第一章 绪论 …………………………………………………… 1
 第一节 思政教育概述 ……………………………………… 1
 第二节 思政教学改革的意义 ……………………………… 14
 第三节 国内外研究现状 …………………………………… 18

第二章 新时期高校思政教学改革环境解读 ………………… 28
 第一节 时代背景解读 ……………………………………… 28
 第二节 政策背景解读 ……………………………………… 38

第三章 新时期高校思政教学现状 …………………………… 41
 第一节 新时期高校思政教学特征及原则 ………………… 41
 第二节 新时期高校思政教学取得的成效 ………………… 56
 第三节 新时期高校思政教学遇到的困境及原因 ………… 62

第四章 新时期高校思政课有效课堂管理的经验总结 ……… 72
 第一节 合格的课堂管理者是构建有效课堂的基础 ……… 72
 第二节 有效课堂管理必须发挥学生的主体作用 ………… 75

第五章 新时期高校思政理论课教学改革途径 ……………… 80
 第一节 新时期高校思政教育的教学内容改革创新 ……… 80
 第二节 新时期高校思政理论课教学模式的改革 ………… 86

第三节 新时期高校思政理论课教学方法的改革 …………… 111

第四节 拓宽思政教学平台 …………………………………… 122

第五节 完善高校思政协同育人教育途径 …………………… 148

第六节 加快高校思政师资队伍水平建设 …………………… 154

第七节 教学体系的集成创新 ………………………………… 161

第八节 思政教育育人体系构建 ……………………………… 164

第六章 新时期高校思政理论课考试方式及教学评价的改革 ………… 170

第一节 新时期高校思政考试方式改革 ……………………… 170

第二节 新时期高校思政教学评价改革 ……………………… 172

参考文献 ………………………………………………………………… 191

第一章 绪论

随着新时代的发展，高校思想政治改革成为当今高校思政教学的重要内容之一，本章节主要从思政教育概述、思政教学改革的意义以及思政教学改革国内外研究现状三个方面展开深入论述。

第一节 思政教育概述

一、思政课

（一）思政课的含义

思想政治理论课，又称为思政课。是社会各个阶层运用合理的政治观点和道德规范，对其成员进行有目的、有组织的教育，使成员的思想觉悟得到提高，有利于更好地服务社会。通过传播马克思列宁主义理论教育思想，落实党的路线、方针和政策的教育，是一种爱国主义、国际主义，以及革命传统教育，使高校学生通过相关课程的学习，能够掌握中国特色社会主义理论内容，全面树立起具有辩证唯物主义与历史唯物主义的世界观和价值观，并将这种教育思想转化为全面拥护党和拥护社会主义的实际行动中来，培养出具有新时代的良好公民意识的人才。目前高等院校思想政治理论课，也称为高校思政课，高校思想政治理论课教学是大学生思想政治教育的一个主要阵地。

高校思政课程的具体教学内容有：思想教育、道德教育、政治教育和法治教育等，同时还涉及政治经济学、科学社会主义、马克思主义哲学等方面内容。思政课教学的教育目标、教育内容、教育方法相互结合与渗透，综合性突出。其理论研究更重视正确理论思想的内化与外化，以形成人的思想政治素质并指导人的行为。

（二）主要内容

高校思想政治教育的内容也包括教育者自身的思想需求。同时，也要注重紧跟时代的步伐，做到与时俱进。

1. 世界观教育

人们对于世界的根本看法和根本观点，反映着人们对于人与世界的关系、世界的本质，以及人的生存价值和地位的一系列基本问题的观念集合。高校大学生处于正确世界观树立的重要时期，务必用科学理论对其思想进行引导。马克思主义作为党的指导思想，同时也是党制定政治目标、确定政治方向的基础。我国的高校始终坚持红色旗帜的引领，因此，思想政治教育中世界观的教育内容就是马克思主义科学理论教育。其中，包括了辩证唯物主义、马克思主义认识论，以及历史唯物主义等方面的哲学原理和方法论指导，还包括马克思主义中国化的具体内容。新时代背景下，坚持以马克思主义理论作为社会主义现代化建设的指导思想，坚持不懈地进行马克思主义理论教育。大学生是国家未来稳定发展的重要力量，必须对其进行科学理论教育，提高其政治素养，让其明确政治站位，为国家和社会未来的发展做准备。

2. 理想信念教育

这是高校必不可少的教育内容。党的理想信念就是共产主义。正是因为有着坚定不移的信念，我们党才能够克服一个个问题，取得革命、建设和改革的胜利；我们国家才能够应对一次次的挑战，在排除困难、解决问题的过程中，实现国家稳定发展。对于高校大学生而言，也必须拥有坚定而正确的理想信念，才能在未来握好国家发展的接力棒，朝着正确的方向不断前进。2012年11月29日，习近平总书记在参观《复兴之路》展览时首次提出"中国梦"，并且号召全国人民努力实现共同的宏伟梦想。新时代背景下，要求勉励广大青年学生要树立革命和建设的理想，成为社会主义的合格建设者和可靠接班人。大学生是国家发展的中坚力量，关系着未来国家的发展，关系着能否实现中华民族伟大复兴的中国梦。

3. 爱国主义教育

爱国主义教育是国家稳定发展、历史向前推进的巨大精神力量，是一种集热爱祖国、报效祖国、忠诚于祖国的思想、意志、情感于一体的社会意识形态的体现。在新的历史时期和时代背景下，爱国主义教育依然很重要。高校爱国主义教育主要体现在对党史、党情、国史和国情等方面的基本知识的学习，也包括民族团结和国家统一等国家安全方面的教育。爱国主义教育就是要不断强化大学生的爱国意识，使其内心对祖国有强烈的归属感。因此，爱国主义教育不仅有利于学生自身的发展，培养了其爱国主义情怀，更是关乎国家的未来，为未来能够稳定发展扎实根基。

4. 传统文化教育

一个国家的文化是这个国家的历史发展及具体国情的体现，代表了国家的历史文化底蕴，是国家和民族的精神和灵魂。我国的文化经历了数千年的发展历程，是中华民族之根，我们要做到一脉相承，并将其不断发扬光大。高校思想政治教育不能脱离传统文化的教育，要让大学生在了解中华文化的基础上实现更好的传承。对于传统文化的传承，我们要保持批判继承、推陈出新的态度，使中华优秀传统文化在当代青年心中生根，内化为气质，外化为为人处世之道，在新的时代呈现出新的生机、焕发新光芒。

5. 社会主义核心价值观教育

社会主义核心价值观作为社会主义价值体系的核心内容，不仅是一种社会价值理念，更是人们的行动指南。对大学生培育并践行社会主义核心价值观，不仅是党的重大决策，更是思想政治教育的重要内容，也突出强调了大学生群体对于国家未来发展的重要性，以及对大学生进行社会主义核心价值观教育的必要性。"勤学、修德、明辨、笃实"的社会主义核心价值观教育要求学生学好知识，提高自身道德修养，树立正确的"三观"，明辨是非，并在实践中提升自己。高校大学生必须从现在做起，根据以上要求严格要求自己，并在未来身体力行到国家和社会的建设中。

（三）高校思想政治教育的目标

高校教育是培养人才的重要基础，而高校思想政治教育的高校教育的重要内容，学校和教师必须明确规定高校思想政治教育的目标，充分认识到加强和改进大学生思想政治教育的重要性和迫切性，并努力完成教育、引导大学生的任务。然而，在新的改革开放的背景下，过去的一些教育方法不再适合高校思政教育在新形势下的需要。因此要改善和加强大学生的思想政治教育，使大学生熟悉并贯彻社会主义理论思想，精于业务、奉献人民，为社会主义强国建设出自己的一份力。

思想政治教育最重要的是改变学生心中最基础的观念，帮助学生"树立正确的三观"，让其从心底配合教育，接受教育的指正和影响，真切地、深刻地感受到中国共产党和祖国人民对青年抱有的深切期望。只有新时代的青年人不断奋斗、不断努力、不懈超越自己，中华民族的伟大复兴才有可能实现。将热血和青春挥洒在为祖国和人民的美好生活而奋斗的事业中，是青春最绚丽的书写方式。

我国思想政治教育体系主要包括下面五个方面的目标。

(1) 思想素质目标要坚定贯彻马克思列宁主义、毛泽东思想、邓小平理论、"三个代表"重要思想、科学发展观及习近平新时代中国特色社会主义思想，明确辩证唯物主义的思想，树立正确的"三观"，在生活中不断锻炼自己尝试运用马克思主义的方式进行思考和判断；培养集体至上的"三观"，批判享乐主义和拜金主义，明确个人利益服务于于国家利益的思想，对建设富强祖国充满信心和力量，为祖国燃烧才是青春最好的正途。

(2) 道德素质目标以集体利益为最高荣誉，个人利益要服从于集体利益，坚信团队合作的重要性和必要性；吃苦耐劳、勤俭节约，在生活、学习、工作中做到艰苦朴素，享乐在后；遵守法律，热爱国家，懂礼貌，讲诚信，为人团结和睦；积极进取，思想要具有正能量，用乐观豁达的心态面对生活，对于事业和学习要充满干劲，秉持着严肃认真的态度，能听进各方的意见和建议，吸取批评中的精华，努力完善自己的道德修养。

(3) 政治素质目标对于我国的国史和国情要了然于胸，对于我国传统文化的优秀之处要加以发扬和继承，不忘初心，坚持共产党领导，继承先辈的革命斗争精神和传统，坚决维护祖国统一和团结，将祖国的利益和荣誉放在心中首位。具有献身祖国、报效人民的思想觉悟，坚定拥护党的领导和国家的政策方针，做忠诚的爱国主义者。

(4) 法纪素质目标要致力于弘扬全民民主法治的风气，自发学习我国宪法，能够做到正确行使公民权利，维护公民利益，履行公民义务；要从根本上培养大学生的法律意识，教导学生做到自我约束、自我管理，能够运用法律武器做出正确的判断和决策；要培养学生的勇气和承担挫折的能力，在内遵守校规校纪，在外遵守社会公德和法律法规，自觉主动帮助维护学校和社会的正常公共秩序，深刻领悟法治社会的建成需要每个人来努力，要让法治变为信仰融入大学生的思想道德教育中，才能让思想转化为实际行动，让法纪素质教育贯穿始终。

（5）心理素质目标心理素质是一个人心理过程和心理特征的体现，是衡量每个人在情感、意志、性格、行为等方面的综合标准体系。要培养大学生形成坚强、自爱的性格，增强他们的抗打击和受压能力，使其具有比较好的自我调节能力。这将有利于大学生未来的工作、事业、婚姻、家庭等，保证他们在遇到挫折时可以不丧失勇气和信心，不断努力去改善困境，拥有良好的心态，从而拥有良好的人生。

二、高校思政课实践教学

（一）高校思政课实践教学的概念

高校思政课实践教学是相对于高校思政课理论教学的教学形式，要理解高校思政课实践教学涉及以下两个关键词语：实践教学、高校思政课实践教学。

关于实践教学的概念，根据《教育大辞典》的解释：实践教学是相对于理论教学的各种教学活动的总称[1]。陈化水指出：实践教学，就是通过各种实践活动，让学生从自己所熟悉、常见的社会生活和相关实例中，从自己身边的人和事开始学习，从亲身体验中获得直接认识，由浅入深，循序渐进地理解相关的知识和理论，发现事物的相互联系，找出事物的规律，从而把握事物的本质，达到探究新知，锻炼能力，提高觉悟，促进发展的目的[2]。由此看来，实践教学是和理论教学相对应的教学活动，它强

---

[1] 顾明远. 教育大词典 [M]. 乌鲁木齐：新疆人民出版社. 2002年11月.
[2] 陈化水. 构建高校思想政治理论实践教学模式的几点思考 [J]. 思想教育研究，2016 (6).

调学生动手参与，是以发展学生能力为主的一种教学活动。

关于高校思政课实践教学的概念，它是实践教学的一种特殊形式，有着思政课的课程性。这也是其区别于一般的社会性实践教学的根本之处。但就思政课实践教学来看，学术界对此也一直存有分歧，主要有这样两种观点：从所涉及的范围来看，分别是狭义的思政课实践教学和广义的思政课实践教学。其中，学者李璐认为，狭义的思想政治理论课实践教学是区别于传统的思想政治理论课课堂理论教学的一种教学模式①。例如，参观革命纪念馆、志愿服务等，它以思政课堂这一场所作为主要划分依据，强调实践教学应在思政课堂以外来开展，更像是一种场所论。学者刘建涛认为，广义思政课实践教学是指除去理论教学之后的，一切与发展学生动手动脑相关的思政课实践活动②。它是相对于理论教学而言的，不仅包含思政课下的各种实践活动，同时也包括学生在思政课课堂之上进行的课堂讨论等实践教学活动。广义的实践教学没有场所的限定，以发展学生的各种能力为主，更像是一种功能论。

通过对相关文献资料的研读可以发现，狭义的思政课实践教学着重强调课堂外的实践教学，进而忽略了思政课上的实践教学。然而，广义的思政课实践教学不仅包含课外的实践教学，而且包含课堂中的实践教学。显而易见，广义的思政课实践教学内涵更加完善。因此，高校思政课实践教学更应该从广义上去理解，注重发挥其育人功能。

（二）高校思政课实践教学的基本特征

要想正确构筑思政课实践教学这一育人平台，就必须用它自身的特殊属性将思政课实践教学与其他相似的概念区分开来，让我们对它有更加清晰的认识，为发挥其作用而打好基础。以下是它的三个基本属性。

第一，实践性。实践性是区别实践教学与理论教学的根本之处，是思政课不再苍白无力的制胜法宝。开展思政课实践教学既可以对理论教学进行延伸和补充，又可以让学生摆脱说教式教学，让深刻、严肃的理论知识活起来。学生以主体地位参与实践教学活动，在活动中可以获得独特的体验，并深化对理论知识的理解，提升理论学习的广度和深度。同时也有助

---

① 李璐. 人的自由全面发展视野下的实践教学研究 [D]. 昆明：昆明理工大学，2014 年.
② 刘建涛. 高校思想政治理论课实践教学探究 [J]. 咸宁学院学报，2010，30（03）.

于提高学生运用理论知识的能力,让学生在自我教育中,提升自我认知能力和道德素养。

第二,课程性。课程性这一特征是用来区分思政课实践教学与大学生一般社会实践活动的。高校里大学生课程众多,校园生活丰富,有各种各样的社会实践活动,这些活动都可以起到锻炼学生能力、提高学生素质的作用。但并不是所有实践活动都可以被称为思政课实践活动。思政课实践教学是隶属于思政课的一种教学方式,有鲜明的思政课程特征。它始终是围绕思政课的教学内容展开的,目的是为了完成思政课立德树人的目标。

第三,社会性。社会性这一特征主要是区别思政课实践教学与理工农医类的专业实习。理工农医类的专业实习主要是通过各类专业性的实习,来增强学生的实践技能,侧重培养学生的专业技能,也就是从做事的角度进行培养,是为日后进入社会,从事相关工作打好专业基础。而思政课实践教学是学生实现社会化的重要抓手,它是依托实践教学这一载体从做人的角度进行教学。学生可以通过思政课实践教学来感受社会,进一步培养学生的社会责任感和使命感,使其能快速融入不断变化的社会。

三、思政课教学质量评价的原则

(一)评价主客体多元化原则

评价主客体多元化原则,其实就是在教学质量评价过程中多一点沟通与协调,在实际的评价目标设定中有必要将被评价者转化为主动参与评价,打破传统的单一评价模式。为了能够更好地实现评价,使评价更加全面与合理,有必要建立多元评价主体,这些评价主体可以由行政部门、学校领导、教育专家、同事、学生及社会人员等组成。在确定评价原则中,需要明确不同的评价主体需要负责不同的评价项目。

教育行政主管部门是教育系统的官方管理者与监督者,主要是对教学质量进行整体检查,明确评价标准,给予人力、物力和财力方面的保障等。所以,对于教育主管部门做出的评价或者评估,通常是以思政课教学质量来进行总体评估的,对高等院校起到督促管理责任,其评估并不是针对某一个具体的思政课教师。但是,教育主管部门有权对高等院校的骨干教师、优秀教师，以及优秀教案等进行总体质量的评价。作为学校的管理者，它是思政课教学的主管部门，负责具体的教育政策以及导向，例如在职称评定、课酬标准，以及教学岗位考核等方面对教师进行全方位的评价。至于同行专家与同事，更多的是从教学专业这个角度出发，通过听课等方面来了解思政教师的教学质量，并给予评价。而在校学生是教师的教授对象，对任课教师的教学情况较熟悉，学生可以在每一个学期对任课教师进行教学质量的评价。

除了使用传统渠道来评价学生成绩之外，因为思政教课存在着一定的特殊性与效果长期性，所以对学生进行思政教育之后的表现情况，需要进行日常的跟踪，这是考查学生学习成果的一种方法，这种日常跟踪考查与单纯的考核成绩相比，有着明显的优势，日常的跟踪考核也更符合思政教学的要求。因此，根据学生管理部门及校友会等渠道来对学生学习质量进行评价，可以使教学质量评价更加的全面，这对于创新思政课教学质量评价有着十分重要的意义。从现有的思政课教学评价情况来看，思政课教学评价主要评价的内容有：一是学生学习评价、二是督导评价、三是课堂教学评价。从评价角度来看相对较为单一，评价主体为教师与学生。

现在有许多高校评教通常是使用学生在线评教系统，对学生学习效果的评价也较为单一，更多的只是对学生学习表现的情况进行评价，而对学生学习成绩则使用考试来评价，用分数的多少来得出质量结论。此外，评价过程千篇一律，不分课程标准的差异，也没有体现思政课教学存在的特殊性。所以，应通过多角度来进行评价，同时将其看作是多元化的评价体系，这是作为全面开展科学、客观及合理的思政课教学质量评价的一个重要前提。

（二）评价方法多样性原则

评价者在进行评价时，需要体现动态性与多样性的评价方法，必须改变过去一刀切的评价方式，根据不同学科的特点，使用不同的教学质量评价方法。

实现定性与定量相结合的评价方式。为了减少分量化，有必要将质与量两者间相结合起来。在日常现实教学管理中，通常使用打分量化的评价方式，这种评价方式表明，量化评价方式能够起到一定的效果，这是值得肯定的。它之所以能够取得效果，主要是由于量化评价是在一样的教育背景下、一样的评价标准和一样的评价主体下进行的，并且取得的效果并非全面反映教师的思政课教学质量，而是作为其他考核的一种组成部分，通过评价可以更好地激发教师不断改进教学质量，有利于进一步优化教学风气和提高教改意识。因此，这种量化评价是作为思政课教师教学质量的有力评价。但量化评价过程也需要与适当的"质化"评价相结合，也就是进行定性评价。定性评价是可以对被考核者教学情况进行定性的评价，从本质上可以体现出被考核者的整体面貌及考核过程，一般而言，评价者会按照被评价者日常的表现情况进行动态化观察与分析，并进行对比，用评语的形式得出评价结果。比如，教师是否敬业、是否关心学生、师生关系等，这些都无法进行量化，只能通过定性评价。因此，教学质量的评价需要突出以定性评价为主，但是也需要结合定量化评价，两者相结合才是最理想的评价结果。这样可以更好地使思政课教学质量评价的差异化功能与激励功能得到较好的应用，有利于教师努力提升教学质量的，同时也有利于教师自身加强自我学习，端正教学态度，最终为教学质量提升而服务。

（三）评价指标多维性原则

思想政治理论课是一项系统工程，尤其是它的意识形态教育功能。就课程内容的整体安排来看，思政课主要是突出以马克思主义理论及马克思主义中国化理论为主，内容会涉及哲学、政治、经济、历史及法律等各个方面。所以，单一的评价指标体系是难以满足所有评价需要的，事实上教学质量评价更多的是体现多维度的原则。通常这个维度是自评与互评、结果评价与评价过程、诊断性、形成性和终结性评价相结合的，从而可以更好地实现教师教学质量、学生学习效果及教学管理保障这三个维度有机地结合，以此来更好地创新思政课教学质量评价。

四、思政课教学质量评价的方法

（一）对教师教学质量评价的方法

问卷评价法。问卷评价法主要是通过发放问卷、回收问卷、整理问卷，以及分析调查结果的一种教学评价方法。问卷评价法，可以让答卷者更好地表达自己的看法和意见，调查者能从问卷中获取有用资料。调查者在制订问卷过程中，要求每一项问题都需要有一定的逻辑性，题目应该简洁明了，让答卷者容易看懂，并且具有评价的针对性。

自我评价法。自我评价法是任课教师自己按照日常授课的情况进行科学判断，找出优点、发现问题的一种教学评价方法。事实上，在过去的教学质量评价中，作为任课教师更多的是处在一个被动接受他人评价，而自己不能参与到评价中来的位置，这样不利于教学评价的公正和合理。自我评价法是属于一种较为人性化的评价方法，通过这种评价方法可以有效地激发任课教师所具有的主体意识，增强教师的认知能力，不断促进广大教师更加积极地面对教学活动，不断转变其教学观念及教学技巧。一般情况下，自我评价法具体使用是：先由院系或者教研室等部门来开展相关评价活动，然后再由各个任课教师来对自己的教学情况进行总体的汇报，明确已经完成的教学目标及所取得教学成果，查找还有哪些不足，然后提出改进措施。

专家（督导）评价法。专家（督导）评价法其实就邀请教育行业相关的专家（督导）、学者来做出专业评价。学校可以根据实际需要建立专家评价小组，安排具体的听课时间、人员、地点、要求等。由评价小组来进行课堂听课，并且对查阅教案情况，还有对学生作业批改情况等，进行全面的审查，从而可以更好地了解教师的教学情况及学生反馈的意见。同时需要与教师本人面对面的交谈，也可以通过召开教师座谈会的形式，综合多方面评价意见，还要做好学生测试工作，总之，要进行全面具体的分析，才能做出结论。

同行评价法。这里的同行，是指同事。同行评价法通常是指邀请任课教师的同事来对其进行教学质量的评价。因为教师之间相对较熟悉，对教学能力比较好了解，特别是本学科的同事，他们对本学科的教学目标、内容及方法都非常熟悉，所以，采取同事来进行互评价可以更好地体现评价准确性，并且也有利于教师相互间形成较好的学习与交流，从而可以更好地提升教学队伍的总体水平。具体的评价方法是：教师间相互听对方的课，利用教研活动等多种形式进行互评。但是需要做好客观、真实，通过互评可以发现优缺点，为进一步分析提供参考依据，也为今后的改进提供方向。

学生评价法。事实上，这是一种较为常见的评价方法，且较为客观。学生是作为高等院校思政课教学的对象和受益者，对教师教学质量最有见解。例如：通过向学生发放问卷，与学生谈话等多种形式来对教学质量进行评价。听取学生对教前、教中、教后的评价；听取学生对课程内容、教师素质、教学方法、教学手段、学生作业批改、辅导答疑、实践教学、考核评价等方面意见。对教师日常的教学质量进行反馈，可以作为评价的参考依据。

（二）对学生学习质量评价的方法

学生自我评价法。这是一种较为常见的方法，是学生根据自己所学习的情况进行自我总结评价的一种方法。使用这种方法来评价，有利于学生形成自我评价、自我教育，以及自我不断完善的学习能力。学生对自己的评价虽然存在着个人思想，但最起码也可以作为评价方法的有益补充。评价方法通常可以用学生互评、自我总结、师生交流等方式来进行。

形成性评价法。形成性评价是一个时段式的评价，一般采用期中考试、期末考试等形式进行评价。该方式通常有三种：第一种是开闭卷考试相结合，闭卷考试一般以辨析题、论述题及材料分析题等作为主要的题型，开卷考试主要侧重于对学生的能力及综合素质进行评价，目的就是为了更好地培养大学生认识问题、分析问题和解决问题的能力；第二种是笔试与口试考核相结合的形式，笔试考核可以选择形式多样的题型，题材覆盖范围要广泛，只要是与思政课有关题目皆可，而口试考核则侧重于学生对思政课的理论知识的掌握和应用程度。第三种是平时考核与期末考核相结合，对于平时考核有必要通过更加灵活及形式多样的考核方式，比如举行课前活动、自学、线上答题及社会实践等，其表现成绩也作为课程考核的一部分。

综合评价法。众所周知，"高校思政课教学既是一个内化的过程，又是一个外化的过程。高校思政课教学评价自然也需要对这种内化外化效果进行评价"。要从多角度、多层面对学生进行立体的客观评价。不仅包括学生的课堂表现，还要重视其在课外活动的表现，将学生的平时成绩和期末考试成绩作为综合考核成绩，也要将考核成绩与学生的日常行为表现结合起来。

五、信息技术背景下教与学理论的研究

(一) 信息技术的界定

信息作为科学术语,最早出现在 R. V. 哈特莱 (R. V. Hartley)《信息传输》一文中。20 世纪 40 年代,信息论的奠基人克劳德·艾尔伍德·香农(Claude Elwood Shannon)提出信息的定义——信息是用来消除不确定性的东西。此后的学者从各自的研究领域出发,给出了不同的定义。李运林从教育信息化传播角度出发,在《传播理论》概括了对信息这一词汇的解释,指出信息是一个复杂的概念集合①。信息的含义极为广泛,可以从不同的角度和层次展开探讨。总结来说:第一层含义是指,日常生活中的信息,包含消息、情况、知识;从信息产生的角度,信息定义为减少或消除一种情况不确定性的东西;从信息论上去定义的信息,信息汇聚成了网络的时代;从人类对信息技术功能与过程的一般理解看,信息技术是指对信息进行采集、传输、贮存、加工、表达的各种技术的总称。信息技术发展经历了由传统信息技术(语言、文字、印刷术)到现代信息技术(广播、录音、电影、电视、计算机、网络技术)的过程。

现代信息技术在教育中的应用和深化,使教育迈向信息化、现代化。关于教育信息化的定义,具有代表性的是祝智庭在《现代教育技术——走向信息化教育》一书中说,"教育信息化"是指在教育领域全面深入地应用现代信息技术,促进教育改革与发展的过程②。

综合学者的研究划分方式和表达,本文研究的"信息技术"可定义为:运用于教学实践过程中具有教学功能的,或在逐步与教学实践相融合的一类对文、图、声、像各种信息进行获取、加工、存储、传输与使用的技术的总称。

---

① 李运林. 传播理论 [M]. 北京:高等教育出版社,1989 年.
② 祝智庭. 现代教育技术——走向信息化教育 [M]. 北京:教育科学出版社,2002 年.

（二）信息技术下教与学相关理论概述

1. 建构主义学习理论

该理论是美国著名认知心理学家梅林·C. 维特罗克（Merlin C. Wittrock）在生成学习模型基础上提出的。关于该理论的研究中，比较有代表性的人物是约翰·杜威（John Dewey）和让·皮亚杰（Jean Piaget）。建构主义学习理论的产生与发展是直指个体本身出发的理论倾向，每一个人的世界都是由他自己的思维构造的，人们的经验不同对世界的看法也就不尽一致。建构主义的学习理论是学习者主动建构知识的意义，生成自己的经验、解释、假设，而教学也不是简单的传递，而是创设一定环境和支持，促进学习者主动建构知识的意义。教师和学生及学生和学生之间需要针对共同的问题进行交流和探索甚至质疑，从而了解彼此的想法，学习过程的最终目的是完成意义的建构。

2. 信息技术与课程整合理论

信息技术与课程整合起源于美国，最权威的论述是美国教育技术 CEO 论坛的年度报告："数字化学习的关键是将数字化内容整合的范围日益增加，直至整合与全课程，并应用于课堂教学。"网络信息时代浪潮，促使我们必须深入研究教育新形式的内在规律，努力探索新的教学方式和学习方法，以适应 21 世纪人才培养的需求和课程改革的要求，这也是信息技术与课程整合的关键。信息技术与课程整合以信息技术为基础，创建一定的"教"与"学"的环境，对原有的教学内容进行信息化加工处理，成为教师"教"和学生"学"的资源，转变传统的教学方式和学习方式，实施有效教学。

3. 混合式学习理论

混合式学习理论（E-learning），混合式学习是面对面教学和计算机辅助学习的结合。随着网络学习的兴起和"有围墙的大学是否将被没有围墙的大学所取代"辩题的研究和事件的深入，人们发现并不是所有的教学对象和学习内容都适合采用 E-learning 的学习方式，而且缺少了教师的深度参与，学习效果也不是很理想。在 2000 年，美国教育部"教育技术白皮书"中指出："E-learning 能够很好地实现某些教学目的，但不能取代传统教学课堂，但是会极大地改变课堂教育的目的和功能"。在此背景下混合式学习理论应运而生，即在线学习和传统学习的有机结合。

第二节 思政教学改革的意义

一、重视学生心理健康促进学生成长成才

学校教育对个体的心理健康有着重要的影响。第一，学校重视人的全面发展，并对此有所设计、规划和努力实践，这有利于学生心理健康的发展。反之，重分数、重排名的学校教育不利于学生心理健康的发展。马克思主义理论的现实归宿是促使人的全面发展，即人的体力和智力的充分发展，人的精神世界和谐的发展，社会主义的教育事业是以人的全面发展为教育目标，培养年轻一代成为有理想、有能力、有担当的社会主义建设者和接班人。为此，德育、体育、美育、心理健康教育等应与专业知识的教育并重，要从小学开始对学生加强健全人格的教育，可以有效地促使学生心理健康水平的提高，这一结论多次被实证研究证实。德育、体育、美育是健康人格塑造的重要途径，它们与心理健康密切相关。道德是心理健康的重要保证；身体健康与心理健康相互作用，彼此影响；美育可以培养积极乐观的品质。因而只有学校教育充分重视健全人格的教育，并科学地规划和实践，才能促进学生心理健康的发展。与此相反，重分数、重排名是用单一的标准对人进行评价，易使还不成熟的学生以单纯的外在评价来进行自我评价。一方面，分数低、排名靠后的人会形成自我否定认知，自尊感低，从而形成较低的心理健康状况；另一方面，即使分数高、排名靠前的人也是以学业成绩这一单一标准进行自我评价，如果学业成绩落后或者进入非单一标准进行评价的环境，就倾向于否定自我，而心理困惑和问题随之产生。第二，校园中相互理解支持的团队合作有利于个体的心理健康发展，反之，相互攀比、恶性竞争的集体环境不利于心理健康发展。校园环境中如果是相互支持和合作的人文环境，浸润其中的人会感到有安全感和信任感，安全感和信任感是心理健康的重要保证。反之，恶性竞争的校

园环境会削弱彼此之间的信任，甚至会有意识地相互伤害，这样的外在环境对人的心理健康有不利的影响。

第三，学校中他人（老师、朋友）的理解、支持和帮助有利于学生的心理健康发展；反之，教师的指责贬损、同伴的孤立不利于学生的心理健康。老师的欣赏和支持，同辈的接纳和理解是重要的心理支持资源。人格是由"小我"和"大我"组成的。"小我"是我们自身独一无二的气质和性格；"大我"是我们所处的社会环境赋予我们的身份，由重要的他人眼中的我们的丰富特质组成。学校中的老师和同伴是"大我"的重要来源，如果受到老师和同伴的接纳、肯定和支持，就会形成强大的"大我"，心理力量也随之强大。

二、适应社会需要，培养合格人才

近年来，随着中国综合国力的不断提高，高素质、实用型、技能型人才紧缺，当代高等院校作为为国家输送优秀人才的主力军，对于人才的培养不仅要着眼于知识技能的提高，更要根据高校的特点大力发展思想政治教育。高校学生对社会的辨别能力偏弱，很容易受不良思想的影响，因此，高校内思想政治教育的主要任务就是要让学生在立德树人目标的指引下，形成正确的、主流的价值观，并树立正确的人生观。

高校学生面临的是毕业就业的问题，因此可以说，高校学生是我国生产建设的主力军，是民族发展的希望。新时代背景下要求教育工作者在实际的教育过程中，要不断提升自身的思想政治觉悟，只有这样才能将正确的政治思想传达给自己的学生。无论是在日常的生活中还是课堂的教学中，都要遵守以人为本的重要原则，培养出高素质的人才，在社会主义核心价值观的引领下，培养出中国特色社会主义发展需要的定向人才。新的时代背景为我们的教育工作带来了种种机遇和挑战，对于好的机遇，我们要好好把握，促进高校思想政治课堂的稳步进行，冲破种种挑战，解决一系列的困难，不单是要解决教师在教学过程中所面临的困难，也要解决学生个体的心理和性格问题。思想政治教育虽然是对学生进行的政治觉悟引导，但是学生的健康成长仍然是不可忽略的，社会型的人才需要全方面的培养和发展，教育工作中要加强党的领导，促进师生之间的交流与互动，推进教学方法改革。

三、符合发展需求，实现培养目标

改革开放以来，高校教育得到了迅速的发展。它的办学目的是为社会提供大量的、合格的人才，随着中国特色社会主义的发展，高校在新时代发挥了其自身的优势。高校一方面教授学生专业知识技能，另一方面要加强学生的思想政治教育，培养他们树立正确的人生导向，形成健全的人格，这不仅关系到学生的各方面发展，还对高校的自身发展有着促进的作用。马克思关于人的全面发展理论要求培育"四有新人"，这一要求适应了时代的需求。当代大学生，应该掌握马克思主义的科学世界观及方法论，成为新时期的"四有"新人，这对于肩负着中华民族伟大复兴光荣使命的大学生的成长和长远发展有着深远的意义。学生的发展是高等教育最重要的一部分，而思想政治教育的培养又在学生的全面发展中占首要位置，因此根据新时代中国特色社会主义经济发展需要，只有加强学生的思想政治教育，改进思想政治教育手段，加强思想政治教育师资队伍建设，培养全面发展的高素质人才，才能保证高校持续健康的发展，这也是高校自身发展的必然需求。

随着党的十九大的召开，党中央再一次充分地总结了我国的国情和当前社会的主要矛盾，对未来的社会发展指明了新的方向。高校作为人才的培养基地，培养出的人才的综合素质高低影响着国家未来的建设。传统的高校在人才培养上由于过分重视理论教育，往往忽视了学生综合素质的提升，无法培养出全面的人才。而在新时代高校的思政教育中，只有在教学方面进行不断的改革和创新，才能全面地培养学生的综合素质。高校思政理论课在实现高校人才培养目标中居于核心地位，高校应该充分利用好这一主要渠道，在对学生进行思想教育时，努力发挥思政教育的政治导向作用。我国高校教育的目标是培养出合格的高技能人才，同时肩负着提高国民素质的任务。因此，无论是发挥思政理论课在培养高校学生思想政治素质的重要性，还是在高校内部转化意识形态教育，都对培养高素质的人才有着巨大的作用，也能进一步实现当今高校的人才培养目标。

四、丰富思政理论，促进发展需要

马克思在思政宣传方面一直宣扬的是坚持以人为本，一切从人民群众的利益出发。在高校思政教育中，同样也要注重这一理念，坚持学生的主体地位，任何教学教育活动的创设都要结合教育对象的实际情况，充分尊重学生个体之间的差异，实施差异化教学。针对学生的具体问题要使用具体的教育方法，让学生充分感受到教师的人文性关怀。在教学课堂之上，我们所要参考的思政理论有很多，比如说马克思主义理论指导思想、毛泽东思想，以及习近平总书记重要讲话精神。这些思政理论都是从人民群众的利益角度出发的，需要高校学生去学习和发扬光大。这些思政理论不仅丰富了我们的社会生活，还丰富了我们的教育内容，它们对社会的发展和社会个体在日常生活中的行为都做出了明确的规范。教师在教育过程中，也要将这些理论贯彻到课程讲授中，引导学生接受思政理论，提升其思想政治觉悟。随着社会的发展与进步，高校思政教育的内容逐步拓展，学生学习的范围逐步扩大，出现这样的现象是值得欣慰的，因为人在全方面发展的过程中要不断地接触新事物，而只有在接触新事物的过程中，进行一系列的创新活动，才能促进社会的进步与发展。在当今的社会背景下，高校承担的责任是非常繁重的，不仅要传授学生相应的专业知识，为他们未来的发展打好基础，还要使他们拥有一个健康的体魄，以及积极健康的思想心态。因此高校的学生在学习专业知识的同时，不能忽略思想政治知识的学习，换个角度出发，从专业知识教学的角度也对思政教学提出了明确的要求。教育部也对高校专业课的教学提出明确规定，在传授专业知识的过程中也要传授道德素质教育，因为道德素养是职业素养的前提条件，只有一个人有了良好的品行，才能在任何岗位中都发挥自身的温度。因此思政教育是从多个角度，多个方面对学生进行引导的。因此高校学生作为未来社会的接班人，应不断提升个人价值，在思想政治理论的指导下，接受学校和社会的教育。与此同时，高校要想培养出符合社会需求的高素质人才也要全面提升思想政治教育水平，完善思想政治教育体系。针对各院校的具体情况，结合学生个体之间的差异，在面对具体问题时，要使用创新型的解决方法，制订合理的人才培养方案。丰富的思政理论，为学校的教学和企业的招聘带来了很多的机遇,高校和企业之间可以通过合作来共同培养对社会有用的人才,为我国的经济发展做出自己最大的贡献。比如说高校学生在企业实习的同时,适当的技能培养及思想政治教育,能够使他们全面进步与发展。

第三节 国内外研究现状

一、国外研究现状

(一)关于高校思政教师队伍建设方面的研究

鉴于社会制度、意识形态等文化背景因素的差异,西方并未提出思想政治教育这个概念,故而也没有思政课教师队伍建设的概念,但是西方发达国家也高度重视对教师队伍的建设。本文主要通过对国外高校教师队伍建设的几个至关重要的方面,如选拔、培养、管理和考评等方面进行相关探讨,进而为本文的课题研究提供借鉴。

一是国外高校教师队伍的选拔。学者 Bilimoria 和 Buch 认为,要加快转变教师的招聘方式,用主动发掘替代被动招聘,成立专门的"猎头委员会"来拓宽聘人渠道,也可以动员全体教职员工参与招聘,并且能够随时随地进行,打破时间和传统模式的限制,利于增强招聘选拔工作的持续性和全面性。英国教育部发行的教育白皮书 The Importance of Teaching (2010) 和 Training Our next Generation of Outstanding Teachers (2011) 中指出,提高教师入职门槛、严肃资格审查机制是吸纳优质教师的重要保证,也是加强向基础教育卓越的国家(芬兰、新加坡等)学习的重要举措。

二是高校师资队伍的培养培训。大多数西方国家注重通过立法保障师资培养,比如美国曾以立法形式严令高校划拨教师培训专项资金,严格落实培训的机会、内容和次数等标准要求,从而促进教师的自我成长和发展;日本为保障教师的进修,以颁布相关进修和培训的法律为手段,促进教师队伍的快速发展;立法等保障举措也是德国政府及各州用以加强高校教师培训力度的重要途径之一；在法国，进修和学习既是教师的权利，也是教师的责任和义务，法律中对教师的进修时间，以及进修待遇进行了明确的规定和说明。

三是国外高校教师队伍的管理。学者詹妮特劳伦斯（2001）对于这方面的论述较为系统详尽，他认为，人力资源管理在教师队伍管理中承担着极为重要的角色，担负着划分教师岗位、明确岗位职责及评价考核等工作。弗雷德·C. 伦恩伯格（Fred C. Lunenburg）、艾伦·C. 奥恩斯坦（Allan C. Ornstein）（2010）也对美国学校的人力资源管理过程进行了详细介绍，强调其管理的整体性和系统性，从目标规划到教师的引进、选聘和任用，再到引进教师的进修、绩效和福利待遇等方面都进行了明确的计划和管理。

四是国外高校教师队伍的考评。学者张宁提到，西方的高校大多都实行较为完善、科学的考核评价制度，有些注重考核教学工作量和教学效果，属于教学型考评；也有些着重考评学术研究和科研成果，属于研究型考评。比如，美国的教师考评程序需要经过四个环节：教师的自我评价、同事之间的互相评价、学生给教师的打分评价、对教师的综合评价。教师考评若不合格，则给予教师一定的时间去调整和改进，如果仍不合格，就要责令其改行或解聘。而法国是采取国家统一组织的方式，每四年对教师进行一次考评。

（二）关于新媒体与高校思政课教学的研究

在国外，高校多运用道德教育进行思想教育。新媒体在"道德教育"中的运用大多与网络的使用互为相等。科蒂斯·J. 邦克（Curtis J. Bonk）讲述了运用新的技术手段进行的数字图书馆、在线学习的方式，为我们的教育提供了许多丰富的学习资料，改变了我们的教育。戴维·H. 罗思曼（David H. Rothman）指出德育工作因为网络而带来了机遇。沃利斯教授在《互联网与心理学》中认为Web、Twitter等网络交流对人们的心理产生了一些影响，需要对其进行引导和教育。

由此可见，随着网络的发展，Web、Twitter等新媒体的普及已经对人们的方方面面产生了影响，各国已经开始重视在公民教育、道德教育的教学中融入现代技术，从而更好地应对新技术对教学带来的挑战。

（三）关于思政教学质量的研究

英、美等发达国家高度重视教学评价，对教学评价研究领域发表的文献较多，研究力度远高于国内。美国在《国家处在危机中：教育改革势在必行》（1983）、《不让一个孩子掉队法案》（2002）、《教育项目评价标准》（2011）等规范的指导下，使得美国教师在教学评价方面更加科学化、规范化，评价效率更高了。英国在教学质量评价方面也作出了相关措施，如："全面系统考核教学评价""建立教师评价制度"等，为教学质量评价提供了重要参考依据。

Herbert W. Warsh 是牛津大学的一名教授，他曾经在 2007 年的《教育心理学杂志（Journal of Educational Psychology）》发表了文章，文中建议使用多层次增长法来建立教学效果评价体系，促进教学质量提升，做好教学评测工作。Spooren Pieter 是安特卫普大学的一名教授，他曾在《教育研究综述（Review of Educational Research）》杂志上发表了关于 SET 元验证的评价模型，通过从时效性、合法性来进行教学评价。Dennis E. Clayson 是一位北爱荷华大学的学者，曾在《营销教育（Journal of Marketing Education）》杂志上发表论文，通过使用文献元评价进行分析，结果表明：学习与评价存在着微妙的关系，正是因为微妙，所以评价适用性也受到一定局限，不同学科可以使用不同的评价方法，事实上衡量客观的方法越多，那么评价结果也不尽相同。Francisco Zabaleta 是一位美国圣地亚哥州立大学的学者，他在《高等教育教学（Teaching in Higher Education）》杂志上发表了论文，提出了教学质量评价的重要性，分析了学生成绩与教学之间存在关系，研究结果表明，评价结果越合理，越有利于提高教学质量，而学生成绩更容易提升。此外通过相关数据分析后，还发现 SET 不要过于盲目使用评价方法，这样不利于教师教学。

总体来说，西方有关教学质量评价的研究，力度远高于国内，涉及学科较多。外国学者较重视教学评价的有效性、合法性及师生间的评价关系等内容，研究方法上倾向于多数据的建模实证研究，为本论文的研究提供了新的思路和灵感。但其研究大部分是在实验室里完成的，而对思政课教学质量评价的研究较少，因此我国要根据具体国情取其精华，拒绝简单粗暴的照抄照搬。

（四）关于协同教育的研究

协同教育最早始于美国、加拿大等发达国家，并逐步运用于教育实验中，对教育改革的发展具有重大意义。美国的 K12 教育就是协同教育成功的典范。随着现代技术的发展，协同教育通过信息技术平台得到广泛发展，教育者将更多的目光集中在教育资源的使用、资源的共享及平台的协同上。因此，思想政治教育协同育人的理念隐藏于协同教育中，以显性或隐性或显性隐性结合的方式发挥育人功能。

目前在西方理论界和教育界盛行的教育模式中，与中国的"协同育人"相似的当属"校企合作教育"或称之为"产学研合作教育"，这一教育模式的研究最早源于德国 19 世纪末乔治·凯兴斯泰纳（Georg Kerschensteiner）的早期劳作思想。20 世纪末，美国学者卡德·维尔研究了高校技术部门在协同育人过程中的重要意义，并强调管理要素在协同育人模式过程的重要作用。美国斯坦福大学教授亨利·埃兹科维茨（Henry Etzkowitz）在 1999 年出版的《大学与全球知识经济》中提出"将教学、科研、产业创新三者进行结合，构建大学-产业界-政府三重螺旋模式"，促进这三大主体之间的交流与协作，形成完整的官产学合作网络。伊莱亚斯曾提出科研育人是协同育人过程中的重要一环，"科研活动的开展加快了知识的重新架构、信息的相互流动、资源的群体共享，永不停息的技术创造和独具一格的设计能力是推动产学研合作架构更新的关键要素"。在实践模式上，美国微型学校以科技为载体，加速了学校与社区的融合，将家校协同管理作为未来教育发展的重要方向。

除理论研究外，从近年来西方国家及一些亚洲国家的教育趋势可以明显看出，协同育人这一理念已经逐步从官方倡导转化为生动鲜活的德育教育实践，大学愈加重视在德育教育过程中协调校方、家庭、社区、企业、社会团体各育人主体的相互配合，挖掘课内课外、校内校外的育人资源，综合发挥课堂、实践、网络、文化各种教育介体的育人效力，德育过程中的协同特征越来越明显。由此可以看出，"协同"作为一种重要的育人理念,已经引起国外学界和教育界的广泛关注,这些学者的研究思路和研究方法及高校的教育实践,为我国开展大数据时代高校思想政治工作协同育人研究,提供了重要指导和参考借鉴。

二、国内研究现状

(一)关于思政课实践教学的作用研究

广大学者分别以思政课和学生为切入点,分析了思政课实践教学不可或缺的作用。主要概括为以下几点。

一是思政课实践教学可以帮助学生更加透彻的认识思政课理论知识。比如,姜廷志在《思想政治理论课实践教学的功效及特性分析》一文中指出:通过思政课实践教学,有助于加深学生对教学内容的实际感知。在实践过程中,学生可以对思政课的重难点理论知识有更加深入的理解和感知,这有助于理论知识真正进入学生的内心,最终化成自己坚定的信念[①]。

二是思政课实践教学有益于增强思政课的实效性。比如,俞丽君、严雄飞在所撰写的《对高校思想政治理论课实践教学的若干思考》一文中阐明:思政课实践教学质量的好坏决定着整个高校思政课实效性的高低,重视实践教学的实施,可以拉近学生和思政课的距离,使思政课不再枯燥乏味而是更加具有阐释力,学生的获得感也会随之提高,有益于增强思政课实效性[②]。

三是思政课实践教学有助于大学生在实践中成长、成才。比如,刘红在《对高校思想政治理论课实践教学的思考》一文中认为:实践教学是大学生自我完善的需要。大学生要完善自我须参加思政课实践教学[③]。汪馨兰、戴钢书在《高校思想政治理论课实践教学有效性探究》一文中认为:实践教学能锻炼学生的沟通、组织、创新等能力,磨炼大学生的意志,推

[①] 姜廷志. 思想政治理论课实践教学的功效及特性分析 [J]. 学校党建与思想教育, 2012 (03).

[②] 俞丽君, 严熊飞. 对高校思想政治理论课实践教学的若干思考 [J]. 学校党建与思想教育, 2011 (08).

[③] 刘红. 对高校思想政治理论课实践教学的思考 [J]. 周口师范学院学报, 2011, 28 (3)

动学生从学校角色到社会角色的顺利转变，为学生接触社会、融入社会搭建桥梁①。

（二）关于思政课实践教学的现存问题研究

从目前的情况来看，思政课实践教学虽然已取得一定的效果，但是依然还存在着一些亟待解决的问题。

例如，思政课实践教学的开展存在流于形式的现象。汤艳在《高校思想政治理论课实践教学的问题和对策》一文中指出：高校在进行思政课实践教学时需要各个部门密切配合，但目前高校团委、学生处等各个部门缺乏沟通交流，各自为政，因此就产生了实践教学流于形式的问题②。周维功在《新时代高校思想政治理论课实践教学问题探析》一文中强调：实践教学内容和形式对学生缺乏吸引力，会导致流于形式的现象③。这是由于新时代的大学生所处的时代背景与以往大有不同，并且他们思维活跃、个性张扬，更喜欢参与性、主体性强的实践教学方式。综上，目前在进行思政课实践教学时，如果高校各部门缺乏配合，或者实践内容和方式过于老套，缺乏实用性，都可能导致开展存在流于形式的现象。

（三）高等院校教学质量评价的理论研究

从现在收集的有关高等院校教学质量评价理论方面的文献来看，高等院校教学质量评价主要集中了评价原则、方法、作用等方面。从具体情况来看：陈凤俭提出了在思想政治理论课教学中，需要充分地利用好评价主体，建议评价主体使用多元化的评价，只有这样的评价才符合现实需要，也有利于提高教师的教学质量，为进一步丰富教学方法提供依据④；张德珍、常安琪提出了一种多元化的教学质量评价方法，使用建模方法来构建

---

① 汪馨兰，戴钢书. 高校思想政治理论课实践教学有效性探究 [J]. 思想教育研究，2011 (11).

② 汤艳. 高校思想政治理论课实践的问题和对策 [J]. 学校党建与思想教育，2010 (10).

③ 周维功. 新时代高校思想政治理论课实践教学问题探析 [J]. 宁德师范学院学报（哲学社会科学版），2020 (02).

④ 陈凤俭. 多元评价在高职院校思想政治课教学中的研究与实施 [J]. 教育观察（上旬刊），2013，2 (05).

教学质量评价体系①；徐懿提出了应用 KPI 来对高等院校的教学质量进行评价，需要先构建有利于教学质量评价的指标体系，尤其是关键绩效指标 KPI，然后将新建立的评价指标体系应用于实际的教学评价中来，为更准确的评价课程教学质量提供参考依据②；邓秀杰、张平增认为，建议使用复合式的 BOM 结构树来对教学质量进行评价，这样可以适合不同高校、不同的课程，指标层次化评价模型，设计具体的算法，当然这个算法并不是不变的，可以根据需要进行调整，使其能满足不同时期评价，这是提高教学质量评价的一种较理想的方法③；兰全祥、刘小英认为使用多种教学质量评价方式有利于丰富教学质量的评价，同时按照不同的情况使用不同的评价方法，从而可以更好地提高评价的准确性，并且还需要结合定性与定量相结合的评价方式，按照不同的周期来做不同的评价④；骆郁廷、丁雪琴认为，评价主体是课程评价中不可缺少的组成部分，这是作为开展思想政治教育课程评价中一个重要前提，如果评价主体不够全面，那么评价结果将会不准确，评价的可信度就不高⑤；唐道秀认为有必要从教师的教育教学质量及学生两方面来进行评价，对思政课教学质量进行分析，提出了评价的重要性及意义⑥，同时建议需要体现评价的准确性、完整性、科学性、客观性、公开性及原则性等。

（四）高等院校思政课教学质量评价现状及问题的研究

在高等院校思政课教学质量评价现状及问题的研究方面，董亚平认为，高校思想政治理论课教学评价存在着教学质量评价价值取向的功利

---

① 张德珍,常安琪,王营等.高校教学质量评价的一种敏捷建模方法［J］.中国教育信息化,2019（05）.

② 徐懿.KPI 系统在高等职业教育教学质量评价中的应用分析［J］.现代商贸工业,2019,40（07）.

③ 邓秀杰,张平增.多媒体辅助高校思政课教学质量评价体系初探［J］.长春理工大学学报（社会科学版）,2010,23（02）.

④ 兰全祥,刘小英.多元化教学质量评价方法研究与探究［J］.攀枝花学院学报,2019,36（02）.

⑤ 骆郁庭,丁雪琴.论高校思想政治理论课程评价的主体［J］.思想理论教育,2007（07）.

⑥ 唐道秀.关于高职院校思想政治理论课教学质量评价的若干思考［J］.中国电力教育,2010（01）.

化、教学质量评价理念中忽视课程的特殊性、教学质量评价方式中学生评教易于失真、教学质量评价对象的片面性、教学质量评价指标缺乏体系化等问题[①]。闫学胜、刘玉玲这两位学者指出，现有的高等院校思政课教学评价依然存在着评价目的不够具体、评价主体较为单一，以及评价内容设计不合理等方面的问题[②]。因此，提出了需要使用更加科学合理的评价主体，通过择优的评价方法，设计出更加科学合理的评价体系，以此来更好地对教学质量进行评价。林毅、林成策这两位学者对我国高等院校思政理论课教学评价进行了较具体的研究，认为现有评价存在不够科学、评价内容不够全面等方面的问题，因此有必要从实际出发设计出更加合理有效的评价体系，同是还提出了相应的改进措施，促进评价体系的进一步完善[③]。

（五）网络信息化背景下高校思想政治理论课改革路径研究

在高校思政理论课教学中融入网络资源，需要选择合适的教学路径和教学内容，信息化的教学设计能够改善教学过程，支持教学目标的实现。

网络信息化环境下高校思想政治理论课的互动路径创新。要打破高校思想政治理论课"形式互动、实际不动；局部互动、整体不动"的局面。如：从大学生实际需求出发，从社会热点舆论入手，通过微信公众号、邮箱、网络学习平台等即时互动或分类答复，师生共同分析教学问题，设计与开发教学任务，形成打破思维定式的教育教学路径。

网络信息化背景下高校思想政治理论课的话语转换。话语体系与时代背景、学生特点紧密相关，高校思想政治教育话语也需要随着教育教学环境的变化而同步迁移，为教学语言注入生活化、"贴地气"的表达，能够充分吸引学生的关注度，拉近与学生的距离。

信息技术背景下高校思政课的内涵及实践创新。高校思政课担负着将知识传授向价值引领转化，落实立德树人的根本任务，这就要求高校随着时代发展要不断创新大学生思想政治教育的内涵，强化德育功能，以更加

---

① 董亚平. 高校思想政治理论课教学评价存在的主要问题 [J]. 学习月刊，2016 (18).
② 闫学胜，刘玉玲. 高职高专思想政治理论课教学评价中存在的问题及对策 [J]. 林区教学，2015 (12).
③ 林毅，林成策. 试析高校思政课教学评价存在的问题及其改进措施 [J]. 齐鲁师范学院学报，2014, 29 (03).

客观地传递事实逻辑的方式和内涵进行思想政治理论课教学创新。

（六）关于高校思想政治工作协同育人的研究

高远、李明建（2016）将协同育人定义为"各育人主体在同一目标的支配下，作为其中要素在教育系统中通过协作与配合，共同对受教育者施加影响的实践活动。"[①] 张青、张波（2017）将协同育人的意义总结为"维护高校意识形态主阵地、增强思政课实效、促进大学生成长成才"[②]。崔海英、曾玉梅（2018）认为新形势下高校协同育人的主体在理念上、方式方法使用上、机制运用上"各行其是"，因而极大地制约了思想政治工作协同育人的效果。[③] 陶思亮（2020）认为"高校辅导员在协同育人角色定位中存在职责泛化、角色失衡、疲于应付的问题"。[④] 同时，学者们系统、专门地研究了应对策略，主要形成了以下观点：其一，创新协同育人理念。闫玉、黄佳（2018）提出"高校各部门、院系、教师应当在思想上和工作中明确德才兼备、以德为先的育人理念"[⑤]。张驰、宋来（2020）认为"'课程思政'作为思想政治工作协同育人的关键载体和抓手之一，要坚持学术与社会两种逻辑相统一的教学理念，才能彰显课程思政的独特价值"。其二，加强育人主体建设[⑥]。韩雪青、高静毅（2018）认为"要加强思政课教师、辅导员两大主体之间的合作，提升辅导员的职业能力。"[⑦] 曲一歌（2019）提出"大学生朋辈群体也是协同育人的队伍之一，要发挥

[①] 高远，李明建. 论专业课教师与思想政治教育工作者的协同育人［J］. 江苏高教，2016（03）.

[②] 张青，张波. 高校思想政治教育协同育人机制研究［J］. 学校党建与思想教育，2017（23）.

[③] 崔海英，曾玉梅. 高校思想政治工作主体协同育人机制创新研究［J］. 思想政治课研究，2018（04）.

[④] 王鑫，陶思亮，朱惠蓉. "三全育人"视域下高校辅导员的育人角色与实现路径［J］. 思想理论教育，2020（05）.

[⑤] 闫玉，黄佳. 协同效应下高校思想政治教育联动模式［J］. 思想理论教育导刊，2018（07）.

[⑥] 张驰，宋来. "课程思政"升级与深化的三维向度［J］. 思想教育研究，2020（02）.

[⑦] 韩雪青，高静毅. 大学生思想政治教育"主渠道""主阵地"协同育人探究［J］. 学校党建与思想教育，2018（03）.

大学生党员等朋辈群体的引导作用,提升思想政治工作亲和力"。① 其三,构建协同育人模式。吴翠丽(2017)从理念、结构、资源三个方面建构了研究生思想政治工作协同育人新模式②,杨果、唐亚阳(2017)提出"网上网下思想政治工作的配合,需要处理好时空、范式、变量的关系,统筹发挥两个场域、两种手段、两类规则的协同效应"。③

---

① 曲一歌. 大学生党建与思想政治教育协同育人论[J]. 学校党建与思想教育, 2019(16).
② 吴翠丽. 协同治理理论视域下研究生思想政治教育新模式的构建[J]. 学位与研究生教育, 2017(10).
③ 杨果, 唐亚阳. 网上网下思想政治教育协同育人的三重维度[J]. 学校党建与思想教育, 2017(21).

第二章　新时期高校思政教学改革环境解读

高校思政教学改革并非心血来潮，它发生在一定的社会背景下。为此本章节主要从新时期的时代背景，以及政策背景两方面深入论述了高校思想政治改革的大环境。

第一节　时代背景解读

一、教育环境方面

（一）社会环境

从社会方面来看，一方面，随着改革开放的深入及全球化的趋势，致使众多所谓的自由、民主思想涌入我国，使部分民众受其影响。同时，改革开放的不断深入也造成了我国利益格局的嬗变。高校大学生的知识储备和思辨能力有限，对不同的政治、文化和社会环境都充满了好奇和向往，表现出较为强烈的兴趣。另外，社会利益格局的变化也使得部分高校大学生的逐利性更强烈，在"三观"还未健全的阶段受到如此大环境的影响，使其对思想政治教育的内容产生疑惑，呈现出理想信念模糊的状态，妨碍了高校思想政治教育的顺利推进。另一方面，一些不良社会风气、道德失衡的现象和因素对思想政治教育提出了巨大挑战。社会的不断进步和发展，人们的思想也随之出现了潜移默化的改变社会中诸如此类的不良思想和行为，与高校所开展的思想政治教育内容形成鲜明的对比，高校大学生思想意识淡薄，这些思想和行为严重干扰了部分学生的认知，造成学生对于思想政治教育内容与现实情况的矛盾化心理，对思政教育内容和德育内容产生疑惑，给高校思想政治教育工作的开展带来了很大障碍。

1. 信息精准度高有利于实现大学生个性化教育

对个性化教育的定义较为权威的机构是国际个性化教育协会（International Personalization Education Association，IPEA），是指对被教育对象进行综合的调查和分析，充分挖掘被教育对象的潜质，并为其量身定制教育计划。传统的思想政治教育中教师占主导地位，以教师的课堂讲授为主，虽然近年来教育教学在形式上有不小的创新变革，但依旧没有改变所有学生都使用一样的教材做同样的习题的现状，所有的学生都具有统一的标准，受到同样的待遇。正如工厂的流水作业一样，生产出的都是标准化的零部件，这会使学生丧失自主能动性，不利于学生的素质教育。而为使学生实现个性化教育，大数据的使用使得"一人一份方案"成了可能。

（1）建立适应性学习体系

适应性学习体系是指根据知识的扩散程度，学生的心理发展，以及学生感兴趣的方向而不断变革和优化教育内容和教育方法。通过对众多教育主体采取不同教育方法的效果调查，针对调查结果的不同，根据学生的个体差异，制订不同的思想政治教育策略。在小数据时代，教师会凭借自己的主观经验和感受对学生的思想和行为做出判断，但教育主体无法做到对每一位学生都能做出准确判断。除了教育者的主观判断，小数据时代还会根据学生的试卷，回答的问题来收集学生的数据信息，但数据采集有限、分析不能全面，使得高校思想政治教育提升的有效性存在困难。大数据时代，我们可以根据学生的上网次数、浏览记录，以及消费情况等大量生活和学习的数据，让教育者充分了解学生，有利于制订出适合学生的思想政治教育方案。

（2）私人定制推荐技术的发展

大数据最显著的功能就是预测功能，要想对未知进行预测，前提是采集大量的数据信息。高校思想政治教育可以利用大数据采集学生的日常信息数据，比如，去图书馆的次数、经常借阅的书籍类型及还书状况等出入信息数据，分析出学生喜欢的书籍类型，从而为学生设计出专属自己的推荐书单。还可以运用大数据技术对学生思政课听课与教师互动状态，以及课后作业的完成情况实时掌握动态信息数据，根据这些动态数据完善教师上课形式，从而有针对性地为教师提出教学方案，也会有针对性地为学生提供学习策略，从而提升师生互动效率，培养学生自主学习的能力。

2. 信息传播突破时空界限有利于拓展思想政治教育视野

大数据时代的到来为传统的思想政治教育提供了一个全新的学习环境，和一个全天候的数字化世界。由于互联网的深入发展，各种数据信息已经将学生包围。而大学生这个群体是极其活跃的群体，更容易接受新事物，受环境影响大，这样的青年人处在数据丰富的大数据时代，可以通过大量的即时性数据信息充分调动其积极性，挖掘其内在潜力，从而引导学生树立正确的"三观"。不同于以往传统思想政治教育的是，信息的传播已然不受时间和空间的限制了，这会使大学生接收到更多更前沿的信息，从而拓展大学生的思想政治视野。

（1）数据信息突破时间限制

无论是教育者还是大学生群体，每个人的精力都有限的，无法对过去、现在、未来的知识都有深刻的了解和挖掘，以前受数据处理技术的限制，如果想要学习更多的知识，大部分的学者都会选择向其他学者请教或在图书馆查阅资料。现今只要动动手指就可以在任何有网的区域获取到你想查阅的信息，极大程度的节省了时间。如遇到需要研究的问题，还可以通过线上交流发表自己的意见，了解其他学者想法，为研究者提供更多的灵感。海量数据信息便于大学生查阅资料的同时，增加了大学生的学习资源，从而拓展了大学生的视野。

（2）数据信息突破空间限制

传统的思想政治教育以固定的学校班级授课为主，大数据时代将班级授课和网上学习相结合，形成线上与线下的联动效应。课堂将不再是大学生接受思想政治教育的唯一阵地，教师可以通过网络信息数据共享将大数据挖掘信息功能引入课堂之中，将传统课堂转移至网络互动平台。这不仅增加了大学生思想政治教育信息量，拓展了大学生眼界，更有利于通过线上线下的结合教育，让大学生对思想政治教育内容掌握更深刻。

除此之外，数据信息的收集不仅仅停留在国内，还包括国外的许多先进知识与经验等，让学生足不出户就可以获取详细信息，丰富了大学生的知识储备，有利于活跃大学生的思维。随着大数据时代的到来，大量有价值的数据信息出现在我们面前,为思想政治教育工作提供了很多便利,不仅使大学生巩固了自己的专业理论知识,还拓展了其他领域的能力,更使大学生向全面的素质人才方向发展。

外部社会环境对高校课程思政建设同样存在一定的影响,主要体现在市场化体制改革下强化经济基础优先的思维、信息化发展加速的多元文化的冲击两个方面。这一点在访谈调研时也得到了回应,后文的研究将分别从上述两个方面进行分析。

3. 过度追求经济发展的影响

经济的快速发展对大学生的世界观、价值观产生了一定程度的影响,导致部分大学生更加注重个人价值的实现,而忽略了整体维度的价值。在这种模式下,学生的行为都具有明显的利益特征。经济利益追求与树立正确价值观并不违背,相冲突的是以个人为中心的经济利益最大化的追求。根据访谈调研,部分教师反映当下这种个人经济利益最大化的社会环境,已经开始流向高校校园,部分大学生为了实现个人短期内的经济诉求,占用学习时间进行网络直播;还有部分大学生出现享乐主义、拜金主义的情绪,出现厌学、沉迷游戏等不良行为。最终导致这部分大学生只重视个人利益,忽略实际情况,出现社会问题和道德问题。因此这种环境对于高校课程思政建设势必产生不利的影响,导致部分学生在课程思政建设过程中对遇到的思政内容,均会产生强烈的抵触情绪。

4. 多元文化产生的冲击效应

多元文化对高校思想政治教育产生的冲击效应,导致部分大学生的价值观出现选择困难。

(1) 多元文化导致个人偏向性追求个人利益最大化多元文化多是以个人为中心,追求个人在自由、个性、偏好、独立等方面需求的实现,忽略了个人的批判意识和自省能力,更加忽略了集体的利益,导致大学生价值观受到影响,给高校思想政治教育顺利推进造成困难。

(2) 多元化冲击制约部分大学生正确道德品德的构建一是因为立德树人的内涵是培养大学生的大德、公德,但是当下多元化的文化影响了部分大学生对马克思主义的认知,直接制约了其道德品德的构建。二是多元化文化的多元传播途径对正确的道德品德构建的制约。因为在信息化和网络化时代,多元化文化的传播多以互联网、新媒体等途径传播,导致大学生在接受碎片化的海量信息的同时，缺乏理解、缺乏分析、缺乏研究进而直接接收，再受到个人情绪的影响就会产生偏向性的价值观，间接制约了其正确道德品德构建。综合来看，多元文化对部分大学生的影响可以直接制约其道德品德等价值观的形成，直接对高校思想政治教育产生影响，因此如何引导大学生正确的区分多元文化进而有针对性地吸收有价值的文化信息，对于促进高校思想政治教育乃至大学生树立正确的价值观、实现立德树人的任务都具有非常重要的作用。

（二）校园环境

1. 高校思政课的教学改革难点

中国高等院校数量众多，综合性高校最多，但也不乏以理工类专业为主的院校。相较于综合性高校，以理、工、医等专业为主的院校开展思政课教学改革、提升思政课教学实效性的难度更大，任务更艰巨。客观上的改革难点主要在三个方面。

其一，就学情而言，此类高校学生以高中理科生为主，文科生可报考专业有限，人数也有限，学生重理轻文并不鲜见，其所具备的思政课知识基础普遍弱于社科类及应用类专业学生；而思政课自带的严肃性和理论性，更使其在此类高校学生的学习重视排名表中，远远落后于专业课及其他社科类课程。

其二，就学制而言，此类高校专业本科培养方案中多有实习要求。如医学专业的学制普遍为5年，药学类、护理学及其他应用型专业一般为4年，但医药专业学生在本科期间，必须进行少则一学期、多则1~2年的医院实习。因此，思政课教学可安排的教学时段受到较大限制，且不时因学生实习安排影响而不得不做出如集中时段教学、分段教学等特殊调整，导致教学连续性被截断，冲淡了教学内容带给学生的思想触动和思维引导。

其三，就学时而言，此类院校专业课课时相对社科类专业更多。尤其是医药专业学生，其学习极为紧张，这就挤压了思政课可能的实践课程开展时间，同时也挤压了学生能为思政课腾出的课下学习时间。

除以上三个难点外，还有一个不可忽视的主观因素，那就是部分学生的功利性学习态度。由于专业课学分在学生综合测评中所占比重较大，部分学生就将绝大多数的学习时间投放在专业课上，而只在有限的课堂时间内学习思政课，有时甚至连思政课的课堂时间都要挤占用以学习医药专业课，这就进一步削弱思政课影响力和实效性。

2. 教育信息化

十九大召开以来，我国已明确步入到信息时代，教育信息化已经成为当前我国信息化的重要组成部分。教育信息化最为重要的工作内容是教育工作者的教学信息化。就是指，教师在教学过程中能够熟练掌握并运用现代化的信息科学技术，如运用互联网计算机、多媒体教学设备、移动通信设备等来展开教学活动，以适应社会发展、创新教学模式、提高教学素质。运用微信平台进行思政课教学活动，也成为教育信息化发展中的一项重要部分。

首先，教育信息化对高校思政课教学内容的要求。现代信息技术的大量使用和众多媒体平台的兴起，以及知识更新换代的速度都有了质的飞跃。通过互联网网络结合微信平台的传播，学生周围呈现了大规模的信息资源，扩大了学生对知识获取的途径。同时，也丰富和创新了思政课教学的资源和内容。

高校思政课自身的时代性特点就决定了，它必须是与时代、社会密切联系的，在信息化时代的发展带动下，思政课理论的发展也在不断完善，这决定了思政课的教学内容必须要跟随时代，跟随社会的发展变化而不断变化。目前的社会形势变得越来越复杂，形态变得越来越多样化，范围也变得越来越广阔，导致部分微信平台传播内容偏离了社会主义核心价值观的思想，这种观念对常浸于微信环境的高校学生有着很大的影响。教育信息化背景下，高校思政课教学内容需要结合社会主义现实情况、学生实际情况、微信平台传播的信息等进行思政课教学内容的改革。主要表现在以下三方面：一是政治方面，互联网的快速发展，使地球村的范围在不断扩大，微信海外版的推出，更是缩小了地域和时间上的限制，这就要求高校思政课教学必须培养学生坚定的政治信仰，引导学生在复杂的环境中学会辨别是非黑白的能力，提高学生的政治素养，树立正确的政治观念；二是思想方面。微信的信息波动较大，内容覆盖范围广，容易削弱思想方面的主流价值观、人生观和世界观，因此思政课教学内容也必须要围绕加强思政意识形态建设，帮助学生解决思想问题并树立正确的"三观"；三是道德方面，受微信平台等非主流意识的影响，学生的思想道德观念容易弱化，对社会造成不良的影响，因此教育内容必须要体现思想道德教育，提高学生的主体意识和思想道德素质水平。

其次，教育信息化对高校思政课教学方法的要求。信息化网络教学被逐渐引入教育教学中，使高校思政课传统的面授方式得到了补充，教学方法也随之发生了很大的改变。信息化时代特有的方便快捷、开放共享性、交互性强等特点给高校思政课教学方法注入了一股清流。教学方法的创新是对高校思政课教学改革的有力回应。我国高校思政课教学方法，长久以来都是以传统的"以教师为中心、以教材为中心和以课堂为中心"的教学方法为主，教学方式局限在课堂授课，学术交流讲座、知识灌输等，比较注重理论知识和基本技能的培养，较多地强调理论教育，缺乏趣味性、生动性和互动性。而在教育信息化和新媒体的不断发展完善下，高校学生受网络新奇事物的影响，学习生活也深受影响。如果高校思政课教育工作者还困于传统的教学方法进行教学活动，是远远满足不了学生对信息技术及先进设备的喜好，所以需要全面提升、改进高校思政课的教学方法。

在信息化时代的推动下，高科技信息化教学要和高校思政课传统教学方法有机结合起来，根据社会发展的要求，根据课程内容的需求，把传统的以语言为主的教学方法，与立体直观的新媒体教学手段结合起来，不断发展创造出更多"声情并茂、情景交融"的教学方法，满足学生的学习需求，从而提高思政课教学效果。

信息化环境下的高校思政课教学工作者，要逐步开始尝试用现代化教学技术实行多元化的教学手段改革，如多媒体课件教学、移动媒体平台终端教学等。多媒体课件教学，在思政课课堂内时可以以自编、自创的讲义为蓝本，通过利用互联网网络教学的丰富资源，包括最新的发展形势、图片和案例等丰富的音像资料，来充实理论性知识、抽象的概念和乏味的资料，以丰富思政课教学的内容。根据教学目的，把教学内容所涉及的事物以形声统一、试听并用的形式形象地展示出来。整合并适当地运用网络信息资源作为高校思政课教学素材，及时翻阅可凸显教学内容的重点和难点的相关资料，以便及时让学生在较短的时间内学到更广阔的知识，激发学生对枯燥乏味思政课的学习兴趣，提高学生的学习积极性。

从校园方面来看，部分高校学生的学风及一些学生工作的作风上存在影响思想政治教育的消极因素。近年来，一些大学生在学习中表现出了功利心，如部分高校学生为了获得评奖评优等荣誉称号，学术造假，给高校的学风造成了极大的负面影响。此外学生干部工作作风也受功利主义、个人主义及社会家庭环境的影响，出现趾高气扬的办事态度，缺乏服务意识，丢失了作为党员和学生代表的理想信念，影响了学生干部队伍整体建设，间接影响着高校思政教育工作的开展。

（三）家庭环境

从家庭方面来看，一方面，家庭成员的政治站位和政治观念直接影响着部分大学生的思想意识和政治态度。另一方面，家庭成员的一些非科学的行为，也会对部分大学生的思想产生影响。如个别大学生家庭成员定期参加或举办一些封建迷信的非科学活动，让学生产生思政学习内容和生活现实极其矛盾的心理，冲击了学生的思想，这对高校思政教育而言无疑是巨大的挑战。

二、全媒体时代背景

（一）全程媒体为高校实现全过程育人提供了条件

全程媒体突破了时空局限，让传播可以随时随地发生，大学生所关注的舆论热点、所疑惑的思想难点均能得到及时、准确的回应和解答，这促进了思想政治教育扩大传播范围和提高传播时效，更好地参与了大学生成长、成才全过程。各类融合发展的传播媒体能够对党中央的重大决策部署、重要政治活动等进行同步记录和信息传输，实现去中心化、同进度、齐直播等；能够全过程跟踪、多角度解析党中央所要宣传的思想，吸引处于不同成长时期的大学生的注意力，使大学生有身临其境的代入感；能够通过各种媒介使大学生逐步从被动的受教育者转变为信息生产者和传播者，从而使教育者和受教育者相互影响，在不同教育阶段完成不同的教育目标，实现高校思想政治教育的全过程育人。

（二）全息媒体为高校实现全方位育人提供了条件

全息媒体突破了物理尺度，使信息传播的形式更加丰富多样化。在全媒体时代，高校思想政治教育可以通过文字、图片、音像、视频等多种表达方式深刻地展现其内容。大学生既能全方位地接受融合多媒体传播优势的思想政治教育，又能调动视听器官实现对所学内容的消化巩固。这既克服了思想政治理论课课堂教学时间有限的局限，又让大学生能够随时随地接受教育，实现了高校思想政治教育的全方位育人。

三、教育观念方面

观念作为行动的先导，在不同的时代背景下所体现出来的内容不尽相同。新时代背景下，普通高等院校教育工作者在教育过程中所表现出来的传统，相较于当代热衷于追求新颖事物的年轻一代，显得格格不入。

（一）教学模式有待创新

大部分教师对于教学过程中的模式和方法依旧是保留着传统教育的老套观念，对于运用新媒体、网络教育等学生所热衷的时代化产物接受度相对较差，运用到教学过程中的成效微乎其微，无法将其物尽其用，充分发挥出教育的影响力。习近平总书记关于意识形态工作的重要论述所体现的科学观点和方法，是时代化背景下全党集体智慧的结晶，是在面对我国意识形态领域出现的新情况而做出的实事求是的正确思量和果断决策，正是因为其内容充分体现了时代化元素，才能更具针对性地处理和应对我国意识形态的各种问题和挑战。其中，关于人民性的论述也是普通高等院校应注重创新以人为本教育理念的出发点。当前普通高等院校思政理论课大多以"百人大课"的形式开展，导致教师无法关注到学生的个体思想需求，降低了普通高等院校思政教育的实效。因此，普通高等院校思政教育者应多从时代化教育，以及新受众的思想行为特点入手，因材施教、实事求是地进行教学模式的创新思考。

（二）师生关系有待改进

部分教师依然保持传统师生关系的旧观念，未能随时代的发展建立起新型的、平等的师生关系，在教学过程中多以严肃的形象和话语威慑学生，让其保持良好的课堂学习状态，学生有疑惑而不敢言，无法形成教育的良性互动。普通高等院校思政理论课内容本身枯燥,加之师生间互动交流太少,导致思政教育的亲和力和说服力得不到彰显,加深了学生对于思政教育枯燥刻板的印象。这也是影响思政教育成效的另一重要因素。

(三) 存在形式主义

在"课程思政"教育模式的切实贯彻过程中,大部分普通高等院校存在形式主义的问题,教师在教育过程中未能将思政知识内容有机地融入专业课程中,存在思政教育与其他专业课仍然是两个独立部分的情况。

四、教育机制方面

健全且良好的机制是普通高等院校思政教育工作达到最佳成效的有效保障,可见健全的机制对于普通高等院校思政工作的重要意义。

(一) 课程机制有待完善

大多数大学生是通过普通高等院校思政教育课堂接受思政知识,由此可见,普通高等院校思政理论课发挥了极大的教育影响。但根据调查结果显示,部分普通高等院校对于教材的更新和最新政策、最新会议精神传达不是很及时,这就造成了思政教育内容及会议精神内容传达的延时。作为思政教育的主渠道,普通高等院校思政理论课务必及时将马克思主义中国化的最新理论成果加入教材、贯穿课堂并扎根于学生心中。

(二) 考核机制有待健全

普通高等院校思政教师是对大学生进行思政教育的主力军,因此务必要完善对思政教师工作内容和教育成效的考核机制,才能敦促其更好地开展教学和提升自身水平。目前,普通高等院校对于思政教师的考核重点依然是科研项目,以及论文发表数量等学术方面的内容,而真正作为思政教师核心工作内容的育人成效考核,以及自身思想素质、知识理论水平的考核却没有明确的制度规定。其次,普通高等院校协同育人机制不完善。当前普通高等院校思政教育队伍的主要力量来自思政教师,以及辅导员老师队伍,并未做到全员育人,协同育人机制流于形式而未能确切切实贯彻,普通高等院校教育教学与思政教育的衔接度和配合度不高。

(三) 思政教育网络化机制有待提高

作为时代化背景下的新产物，网络以其便捷、迅速和高效的教育特点，成为思政教育的重要载体，不仅能够延长教学过程，同时增强了教学影响，但在运用和监管过程中缺乏相关机制。一方面，从调查结果来看，一半的大学生对于学校是否开设网络思政教育平台并不明确，可见普通高等院校思政教育对于网络的运用机制及管理机制并没有深入到学生心中，网络思政教育平台形同虚设，对其的运用和管理流于形式而非充分发挥其促进教育成效的作用，学生的认可度和接受度相对较弱；另一方面，习近平总书记关于意识形态工作的重要论述中的网络论述，强调了网络对意识形态工作和建设的重要性，对于普通高等院校思政教育而言更应该关注到网络的正负影响，在利用好网络的同时，也要注重完善普通高等院校网络防御机制和舆情预警机制。目前普通高等院校对于校园网络的监管也没有形成成套、合理且科学的监管机制，对于校园网络疏于管理。在2020年疫情防控期间，各类普通高等院校大规模地运用起网络教学平台进行线上教育，但不免看出各级各类普通高等院校在面对疫情出现时将网络运用于教学的仓促和生疏，可见普通高等院校在日常当中并未建立健全的网络化教学体制机制。

第二节　政策背景解读

一、"05方案"的出台

2004年8月，国务院《中共中央关于进一步加强和改进大学生思想政治教育的意见》（中发［2004］16号，以下简称"16号文件"）发布，它表明，在改革开放新时期，为了"适应新形势、新任务的要求，提高大学生的思想政治素质，促进大学生的全面发展"，作为高校思想政治教育主渠道的思政课教育教学改革，有了一个纲领性文件。据此文件，2005年

2月，出台了《中共中央宣传部 教育部关于进一步加强和改进高等学校思想政治理论课的意见》（教社政〔2005〕5号，以下简称"5号文件"）。同年3月，又出台《〈中共中央宣传部、教育部关于进一步加强和改进高等学校思想政治理论课的意见〉实施方案》（教社政〔2005〕9号，以下简称"05方案"）。以这三个文件作为重要标志，新一轮的高校思政课教育教学改革进入加速期。

二、"05方案"政策解读

"05方案"规定，本科高校开设4门必修思政课，分别是"马克思主义基本原理"（简称"原理"），"毛泽东思想、邓小平理论和'三个代表'重要思想概论"（简称"概论"），"中国近现代史纲要"（简称"纲要"），"思想道德修养和法律基础"（简称"基础"）。另外，开设"当代世界经济与政治"等选修课。专科高校开设2门必修思政课，分别是"概论"和"基础"。此外，对本、专科学生都要开设"形势与政策"课。民办高等学校和中外合作高等学校的课程设置要按照本规定执行，而成人高等学校要参照本规定开设相应的思政课。高校思政课就是指上述面向本、专科大学生的思政课的简称。

作为高校思政课改革指南的"5号文件"指出，思政课承担着对大学生进行系统的马克思主义理论教育的任务，是对大学生进行思想政治教育的主渠道。在引导大学生坚定对马克思主义的信仰、对社会主义的信念，增强对改革开放和现代化建设的信心、对党和政府的信任等方面，发挥了重要的作用。面对改革开放以来国情、世情的一系列新变化，高校思政课教育教学还存在亟待解决的诸多问题。如"教学方式方法比较单一，教学的针对性、实效性不强"，其结果是大学生对思想政治理论课学习普遍存在厌学和逆反心理。因此，要"不断增强高等学校思想政治理论课教育教学的针对性、实效性和说服力、感染力"。

"加强和改进高等学校思想政治理论课的总体要求是：坚持用发展着的马克思主义武装大学生，始终保持教育教学的正确方向；坚持理论联系实际，贴近实际、贴近生活、贴近学生；坚持开拓创新，不断改进教育教学的内容、形式和方法；力争在几年内，使高等学校思想政治理论课教学状况有明显改善。"要"实现教学方式方法多样化、实践教学规范化和教学手段现代化",要"切实改进高等学校思想政治理论课教育教学的方式和方法",以"充分发挥学生学习的主体作用,激发学生学习的积极性和主动性。教学方式和方法要努力贴近学生实际,符合教育教学规律和学生学习特点,提倡启发式、参与式、研究式教学。要研究分析社会热点。要多用通俗易懂的语言、生动鲜活的事例、新颖活泼的形式,活跃教学气氛,启发学生思考,增强教学效果"。"05方案"进一步指出,要加强教学方法研究,优化教学手段。

总之,上述三个文件为高校思政课教育教学改革指明了方向。为实现高校思政课教书育人的教育教学宗旨,必须以改革创新的精神推进课程建设和教学改革。这就意味着:首先,思政课教学必须树立起"学习以学生为主体"的教学理念,摒弃传统的"灌输式"教学,采用能够激发学生积极性和主动性的多样化教学手段;其次,思政课教学必须贴近实际、贴近生活、贴近学生,用大学生喜闻乐见的方法来解读马克思主义基本原理。上述一切教学改革都必须"符合教育教学规律和学生学习特点"。这样,方可加强和改善高校思政课建设,顺利实现改革开放新形势下高校思政课的目的,即:"引导大学生正确认识当今世界错综复杂的形势,把握国际局势的发展变化和人类社会的发展趋势","引导大学生正确认识肩负的历史使命,努力成为德智体美全面发展的中国特色社会主义事业的建设者和接班人"。

第三章 新时期高校思政教学现状

本章节主要从新时期高校思政教学特征及原则、新时期高校思想政治教学取得的成效,以及新时期高校思想政治教学遇到的困境及原因三方面出发,并展开深入论述。

第一节 新时期高校思政教学特征及原则

一、新时期思政教育的特征

(一)导向指引下的整体性与教育教学的层次性统一

导向指引性主要是针对两方面而言。

一是对大学生的个人发展和如何在社会实践中发挥自身作用起到导向指引作用,包括引导学生的思想观念、精神境界朝着全面发展的方向提升,增强学生的精神力量。二是为教学实践活动提供一个客观的标准,对思想政治教育教学的改革发展方向起到指引作用,促进教学理论的创新与发展。导向指引既是促进社会和个人的全面发展的要求,也是马克思主义理论与时俱进和教育多样化发展的需要。

思想政治教育是一门系统性的课程,可将各种性质类型的教育教学因素整合到教学过程中,并能引导学生把感性认识或零星观点转化成一个整体的思想政治素质。其教学最重要的一点就是要使学生对马克思主义理论的价值立场、观点等的认识转化为信念,因此在教学过程中一定要重视对整体性的把握,而对思想政治教育教学的构建理应体现整体性这一特征。

思想政治教学是一种思维形成的存在，是由不同的要素、层次构成的一个整体结构，其变化发展集中地体现了辩证逻辑整体的运动过程。在过程中不同的要素、层次之间，整体与层次、要素之间，整体与外部事物之间都有着各种联系。思想政治教育教学作为一个学科体系的重要组成部分，必然要求通过思维形式来系统反映其包含的各种联系，使教育者和受教育者从中获益。思想政治教育教学体系从本质上揭示了各个，以及范畴之间的运动轨迹和规律。因此，我们不能孤立地研究其具体内容，要从系统到要素和层次，从整体到局部，从全体到单一进行研究。

这一教学既然是一个教育教学的整体系统，其间必然具有教育教学的局部层次，体现了思想政治教育教学的层次性。思想政治教育教学体系的划分是依据逻辑思维的组织、推演及运行规律展开的，进而形成了由起点、中心、中项、成效和终点等范畴构成的，具有逻辑性和科学性且合理有序的范畴体系。高校思想政治教育教学是围绕中心范畴，然后从起点范畴开始，经过中项范畴、成效范畴最后到达终点范畴的动态运动和发展变化的过程。这个过程动态简洁地揭示了高校思想政治教育教学体系中不同要素和层次之间的内在联系及运动变化的本质规律。思想政治教育教学的整体属性决定了其不能孤立的存在，只有体系完整、各要素层次分明、合理有序地联系在一起，才能科学地反映思想政治教育教学的本质规律。正是由于高校思想政治教育教学的整体性特征，其结构与层次之间彼此关联、相互作用。一是系统与要素环节具有稳定的关联性，即其范畴体系中的各个具体范畴均有固定的位置和作用等；二是层次与层次之间具有关联性，即指这一教学内的每一逻辑层次之间都是彼此相连的，具有逻辑规律的关系。正是由于这种系统与要素、层次与层次之间的关联性，使得这一教学体系的结构成形，并具有稳定性。关系是结构得以存在的前提，也是构成系统的基础，而只有系统内要素间得以稳定才能形成彼此之间稳定的关系，任何事物的整体性质都是每一部分之间相互依存又相互制约的关系来体现的。

在思想政治教育教学体系中整体与任一层次，层次与层次之间都有着相互制约与依存的关系。思想政治教育教学不仅具有导向指引下的整体性特征，而且还具有教育教学过程中的层次性特征，从而能够把这一系列的动态联结为合理有序、层次结构分明的有机统一整体，从而构成体系。综上，思想政治教育教学具有导向指引下的整体性和教育教学的层次性的特征。

（二）绝对的科学性与相对的利益性统一

思想政治教育教学的科学性在于所概括和反映的内容即思想政治教育教学的科学性，思想政治教育教学通过教学实践活动使学生形成社会所需要的思想政治道德，培养学生全面发展的综合能力。马克思指出无产阶级社会中，要让社会成员的能力得到充分的发挥。而思想政治教育就是遵循着这一观念展开其教学活动的，以期通过教学将学生的观念得到最大化的提升。此外，思想政治教育教学的科学性还体现在其自身具有的客观实在性和规律性中。

客观性和科学性构成了思想政治教育教学内容的基本特点。任何历史时期和任一体制下的意识形态教育，基本都客观地反映了其内在的本质和固有的规律。他的科学性是绝对的，这一教学实践在一定的具体条件下具有相对不变性，保持了其相对稳定性。列宁认为，辩证唯物主义强调的是要承认真理的客观性和绝对性，且真理是正确揭露客观物质的本质和规律的，因此，承认这一教学的客观性就是承认了它具有绝对性。而思想政治教育的利益性指根源于其本身具有的阶级性和意识形态性。其具体达成目标和服务的对象是由统治阶级的阶级性质和立场决定的。

一是思想政治教育教学在这门课程教学实践的基础上，既包括对原有教学内容的修正，也包括在现有的基础上更新内容。任何事物的产生都摆脱不了现实的因素，范畴也不例外，这一理论体系的构建会被当时的实践所影响，其结构体系是在对当前教学实践的总结、归纳和抽象，它的建构被许多条件限制，不能对未来的教学实践进行完全准确的判断，故当前的范畴反映的内容是相对的，并不是绝对的。

二是正如辩证唯物主义观点强调的那样，事物在实践中是矛盾的状态，是不断变化发展的，会呈现相互对立、相互依存的状态，并能够辩证转化的，此时对立、彼时统一，这也就是事物的一个过渡性和相对性特征。而思想政治教育教学的相对性，就是对其教学实践中的基本矛盾运动及转化的反映。因此，思想政治理论课教学之间是能够辩证转化的，具有相对性。

二、新时期高校思政教学原则

当代大学生成长在我国改革开放、社会高速发展时期,越来越多的新鲜事物和各种思想对当代大学生有着直接的影响。当代大学生通过多种渠道接触到了大量的外国文化和影视作品,这也使当代大学生的思维向多样化、个性化发展。

(一)知行统一

思想政治教育教学绝对不是学习文件、学习材料,也不是从各个有关学科拼凑起来的知识的集合,它应当有一个自己的学科体系。在这个方面,在我们优秀传统文化中的教育思想中,有丰富的案例,可以好好研究。我们要建设自己的思想政治教育教学基本体系,建设我们共产党人自己的理学,建设我们共产党人自己的心学。思想政治教育教学就是理学、心学,当然这只是借用,不是要"复活"传统的理学、心学。理学就是规律之学,心学就是修养之学,围绕规律之学、修养之学,践行立德树人的职责、根本使命,来完成这个根本任务。知行统一原则就是思想政治教育教学所要追求的最终目标。知行统一就是理论与实际相结合,思想政治教育的教学重点就是使学生的思想和行为在实践中达到一致。理论对实践有指导作用,实践是检验理论正确与否的唯一标准,马克思主义的认识论中明确要求我们要用理论联系实际的方法去认识客观事物,这既是对客观事物进行正确认识的原则,也是构建任何教学建构都需要遵循的原则。

行动是获得知识的动力,思想政治教育教学作为指导教学实践行动最基本的理论指南,它首先必须是正确的科学的知识,进而又能指导教学行动的正确方向。思想政治教育教学与学生的思想行为密切相关,是培养学生思想道德素质,使学生更好地认识社会主义主流价值观,形成社会所认同的思想政治观念,并用以指导实践,即教学就是转变或提升学生思想的过程。这一过程只有通过学生认知上的转变和提升才能实现,只有让学生在对正确的思想观念进行了解、学习的基础上,还坚信这一观念的真理性,并用以实践,形成知行统一,才能说达到了教学目的,知而不行,那"知"就失去其意义了。而对于思想政治教育教学来说,这样的教学就是失败的教学。"知"是前提,而"行"是目的,知行统一才能达到用正确的理论指导实践的目的。因此,遵循知行统一原则有助于思想政治教育教学实效性的提高与目标的达成。在研究思想政治教育教学时,遵循这一原则可以在研究过程中避免教学中教条化、公式化的倾向,坚持这一原则是正确建构合理的保障,进而使其教学范畴有助于解决"知与不知、行与不行"的矛盾,而这样才是科学的范畴。在思想政治教育教学中,要使学生对基本理论的形成、发展的过程有基本的了解。因此,要通过对理论产生的背景进行阐述,从而引领学生感受理论的形成、发展的过程。有了这样一个感同身受的接收过程,才能在获得知识之后有一个与"知"相一致的"行",思想政治教育教学的构建也必须遵循这一知行统一的原则。

(二)坚持把好方向

新时代大学生的思想受社会关系和社会环境的影响程度不容小觑,尤其是在自媒体环境下,各种网络信息围绕在大学生周围且快速撒播,而其中不良的信息影响着他们正确价值观的形成,这就需要我们在发现问题时及时做好思政教育工作。

1. 加强政治认同教育

政治标准是毛泽东对青年一代教育的首位标准,他认为业务再好的人才如果政治上不过关,也不是合格的人才,并且他在不同场合多次强调过这点。大学生作为现当代文化素质较强、政治素质较高的群体,是祖国未来的希望和接班人,他们对现存的政治体系是否认同不仅关系到自身素质的培养完善,也关系到整个社会的和谐稳定。现阶段,大学生政治认同最重要、最核心的一点是对中国特色社会主义道路、理论和制度的认同,当前整体状况是积极良性的。但由于大学生思维活跃,政治敏锐性较强,在入学、就业、自身权利保障和家庭利益诉求等方面可能会对现状不满意,出现政治认同危机。中国社会整体进入了信息化阶段,已逐步形成多元思想文化碰撞的格局,生活在当下信息泛滥的环境中,各种没有经过过滤和甄别的信息充斥于学生的现实生活当中,由于大学生对政治价值和政治规范的认知尚且不足,因而不良信息会对他们的政治认同与信仰产生影响。针对这种情况,如果对大学生缺乏准确及时的教育引导,定会造成很大损失。

所以，高校教育工作必须要结合当前国际、国内的实际情况与时俱进，关注大学生在新形势下所处的校内外环境和所接触人际关系的变化，更准确地把握影响大学生政治认同的关键要素，创新地运用教育载体，构建与大学生身心实际相适应的思想政治教育新模式。只有把握大学生成长规律，真正了解到大学生的所思所想，找到他们容易接受的教育方式方法，才能引导学生形成政治认同，把思想政治教育做到实处，并使之有效。

2. 提升思想认同意识

一种思想、理论被群众认可即可能产生巨大的力量，从而转化为人们的思想观念，对人们的行为产生实质性的影响。思想认同是深深植根于人们的头脑之中的，是建立在对习近平新时代中国特色社会主义思想的理性认知和准确把握基础之上的彻底认同。但新时代下的大学生价值观多样多元，受复杂环境的影响，他们的价值观念和思想行为受到不同程度的影响。因此，用新思想武装大学生，开展有效的思想认同教育，提升新思想的号召力、说服力、亲和力和覆盖面，将成为解决这一时代课题重要的一环。

高校思政教师作为大学生成长路上的导向者，是党的相关理论的传播者，应以身示范，从学生接受教育的源头上，做好深切感悟新思想的丰富内涵，科学把握其理论渊源与实践基础、历史地位与指导意义，激发学生对它的认同感，并在此基础上，教育大学生产生思想认同，自觉规范政治行为。由于当前新媒体传播速度快，广大青年学生获取信息的渠道多，且大学生在思维方式、价值判断和生活习惯等诸多问题上呈现出自身的特点，因而高校教师应切忌照本宣科，讲一些假大空的套话，要善于运用贴近实际、贴近生活、贴近学生的实例去感染学生，加强学生对新思想的认同感。同时，也可以灵活运用新媒体技术，改进教育教学的方式手段，引导教育学生主动学习接受新思想并产生亲近感，由知识的认知向内心价值的认同转变。

3. 促进情感认同融入

帮助大学生健康成长及为国家培养可靠的社会主义事业接班人是高校教育的职责所在。但在实际教育实践过程中，由于思政理论课与其他课程教育不同，它本身无法像其他课程一样进行客观尺度的量化评定，社会对其衡量度还不深入完善，因而学生自己也不够重视。而我们又不能光靠对抽象理论的空洞说教和僵硬的制度约束来改变这一现象，因为对大学生进行思想政治教育是一个需要注入情感的过程，一旦获得情感认同就能根据思政教育的要求去规范、约束其思想和行为。

因此，加强情感认同的整合，充分调动学生的积极情感因素，通过"情感"搭建大学生和高校教师之间的桥梁是明智之举。可以触动学生内心深处最朴素、最柔软的地方，使其增强对教育内容和方式的认同度，激发同理心，必要时还可"投其所好"，让学生自觉自发地认同马克思关于未来世界的美好设想，以及我们党的路线、方针、政策。因此，高校思政教育不应是共性地强制灌输和考核，应遵从学生个性化的成长规律，充分考虑每个学生的道德认知和情感需求，努力实现在心理情感方面与之产生共鸣，使学生听之可信，信之能行，行之有效。

（三）求实原则

1. 思想政治教育必须与利益引导相结合

从利益导向上看，社会中一切人的关系都是利益关系，社会矛盾之所以会产生，就是因为在利益上存在着差异或者利益是对立的。要想将人心凝聚起来，让矛盾得到协调，从而形成强大合力，就必须坚持正确的利益导向一定要是正确的。利益导向正确，社会不同阶层和群体就会从根本上协调一致，能够共同行动和增强社会合力。在我国，国家、集体和个人的利益从根本上就是一致的。我们进行思想政治教育的主要任务，就是引导人们认清这种一致性，为共同利益而奋斗，并且在奋斗的过程中让自我价值得到实现。毋庸置疑，个人、集体与国家的利益是不可分割的。在三者统一的关系中承认和尊重个人利益，是马克思主义的观点，也是思想政治教育工作的求实原则的要求。

2. 思想政治教育工作要有求真务实的作风

求真务实是党的优良作风的集中体现，也是思想政治教育工作必须坚持的。思想政治教育工作者必须养成求真务实的作风，把求真务实、言行一致作为自己思想和行为的重要准则。要做到求真务实就要不唯上、不唯书、实话实说、实事实办、少搞形式、不尚空谈；要爱岗敬业，把工作当事业干、当学问钻，既练"唱功"又练"做功"，勇于探索、创新；就是以身作则，率先垂范，要求别人的自己首先做到，以自身的模范作用教育群众、引导群众、激励群众。

（四）注重贴近实际

思想政治教育的重点是做人的工作。受家庭、学校和社会等各方面因素的影响，新时代下大学生的成长发展呈现出崭新的特点，这就要求教育者在教育过程中不能千篇一律，毫无生气，而应切实遵循大学生成长规律，时刻关注学生的思想实际和身心特点，注重人性关怀，了解学生的成长需要，并让学生从思想政治教育中有所进步，增强受教获得感。

1. 关注学生的身心特点

人的个性是独立的个体在社会实践生活中形成的区别于他人的特质，新时代大学生的显著个性主要表现为精力旺盛、个性鲜明、思维观念多样且多变。这就要求我们在教育过程中应当尊重大学生的成长规律，把握他们的思想实际和身心特点，拒绝千篇一律，做到因人而异、因材施教，理解尊重学生的个性差异，包容看待存在特殊情况的个体，针对不同主体的不同情形对大学生进行有区别、有分类地教育工作，为大学生个性的充分自由发展提供空间，运用学生喜欢的合理方式进行教育，让他们真切感受到被尊重，进而培育健康、积极的人格。譬如，学校可以借助多种网络新途径整合线上线下的相关教育资源，运用各式各样的、契合学生思想实际的形式，以激发青年学生强烈的思想共鸣，使其自主将所学内容内化为价值观念，外化为切实行动，提升教育效果。

2. 服务学生的成长需要

大学时期处于寻求知识、捕获真理的阶段，不仅要满足于书本知识，还要通过挖掘自身潜能和提高素质来满足社会发展的需要，才能更好地实现自己的人生价值。所以，新时代大学生的生理和心理更加成熟，主体意识逐渐增强，主体需要的层次也在逐渐提高。因此，教师要紧抓课上课下时间，尤其是课下时间，多与学生接触，了解掌握他们的个性特点，格外关注他们的成长发展需求和心理感受，并在合适的教学场合中通过各种有效的形式激活教育对象的内在动力，因势利导地增强大学生的综合能力，使学生在满足时代发展要求和社会进步需要的同时得到良性发展。

3. 增强学生受教获得感

受教获得感，是指学生在接受思想政治理论教育后产生的一种能够满足他们现实或潜在的，且能长久维持下去的满足感和成就感，是一种对自身受教育的精神状态、主观体验和情感反应的表达。就传统教学模式而言，我们在教学中往往将关注的重点放在教师讲了什么，而忽略了学生的获得感，这就让教育有种"本末倒置"的意味了。具体表现为：许多高校的教学内容与中学政治课上有很多重复，学生觉得没有新思想；宏大权威的理论叙述和千篇一律的共性化教学素材，使得思政理论课少了些生动活泼，变得枯燥乏味；教师教学死板，授课自说自唱、自娱自乐的现象普遍，忽视了学生的参与和体验，容易让学生无法找到兴趣点。因此，在进行教育实践的过程中，思政工作者们应始终遵循大学生成长规律去了解到学生的真实需求并关注到学生的情感体验，增强理论课程的导向性，以亲和的方式感召吸引大学生，从而让学生在经过思想政治教育熏陶后能够有满满的体验与感悟，获得感倍增，这也是高校提升思政理论课教学评价和质量的精神准则与价值追求。

（五）人本原则

1. 人本思想渊源

纵观人类发展的历史可以发现，人不仅能够创造历史，还处于不断发展的社会历史之中。围绕人的发展进行研究，一定会得出与之对应的关于人的理论。而在中国的古代社会，因为封建统治所占据的历史时期十分漫长，所以历史上与人本有关的思想几乎体现的都是封建统治阶层对广大民众的定位与判断。

《尚书·周书·泰誓》中提到的"惟人万物之灵"是中国古代社会中最早的与人的价值相关的记载。这一说法对人的价值进行了肯定，表现出了只有人才能创造历史及推动社会发展的思想。此外，《尚书·夏书·五子之歌》中也写道"民惟邦本，本固邦宁。"指出了对于国家来说，人民是根本和根基，只有让人民的问题得到良好的解决，国家才能够安宁、安定。《管子·霸言》中提到"夫霸王之所始也，以人为本。"指出国家的基业要想稳定，首先要从以人为本开始，这是中国古代史上第一次以"以人为本"的字样出现的关于以人为本的思想。但是，这里的"以人为本"中的"人"从一般意义上来说指的是民，即以民为本，与我们现代意义上"以人为本"中的"人"还是有区别的。《孟子》中记载着"民为贵，社稷次之，君为轻"的语句，《荀子》中也提出了"君者，舟也；庶人者，水也。水则载舟，水则覆舟"，把民比喻为水，君比喻为舟，提出了舟要靠水来载的思想。这些记载都反映出了那个年代的学者关于民本思想的思考，同时也表现出了在中国古代封建社会的统治下，统治阶层通过民本思想来领导广大民众，从而达到他们进行统治的目的。

汉代的贾谊提出了"民无不为本"的主张，他指出大到国家、社稷，小到官吏，其立足的根本都应该是人民。这就在理论上说明了，人民能够对社会的发展起到重要的作用，体现出了对民众的重视。贾谊的这种思想一直存在并进行发展，到了明清时代，这种思想逐渐演化成了最初的民主主义思想。在《原君》中，黄宗羲提出了"以天下为主，君为客"的语句，表达出来的思想为：人民应该是国家的主人，而君主是为人民服务的。这为中国近代历史上民主思想的发展奠定了良好的基础。

纵观中国古代史中关于人本思想的记载，不难发现，在我国古代，人本思想主要是定位在民本的基础上的。古代历史中与人本相关的思想将各家学者和各个阶层的统治者对民本的思考进行了体现，同时也是民众对自己社会定位的思考。这些思想都或多或少地涉及了"人的问题"，因此这些思想对于现今人们所倡导的以人为本的理念，也具有十分重要的借鉴意义。

2. 人本原则的内涵

人本原则，顾名思义就是以人为本的原则。"人本"这个概念在中华优秀传统文化中由来已久。在高校思想政治教育中坚持人本原则实质上就是坚持以人为本的教育理念，将教育者与受教育者都放在主体的地位，将马克思主义的基本观点运用到日常教学工作中，实现教学资源、综合管理、思想指导三者的有机结合，帮助高校青年学子树立正确的价值观、开阔的世界观、积极的人生观，为今后个人的发展与国家的前进打下良好基础。

3. 坚持人本原则的必要性

坚持人本原则就是坚持贴近主体之一的受教育者群体。大量具有重复性的精准社会调查均证明，现如今我国青年学生的政治素养和思想教育水平总体来说较为良好。他们在日常生活和学习中思想活跃、拥护中国共产党、热爱祖国,并在社会和学校的双重影响下成长为对中国道路、理论、制度、文化等方面充满自信的社会中坚力量,并且坚信社会主义现代化伟大蓝图和中华民族伟大复兴的壮阔目标能够实现。可是,在不同文化和思想的影响下,我国部分大学生思想同样也受到影响。作为思想政治教育理论传播载体的高校如果不能够深刻认识到贴近青年学生,彻底了解他们的思想变动历程的重要性,那就只能是被认为是在进行"灌输式"的填鸭教育。高校思想政治教育工作者理应深入学生群体,想学生所想、急学生所急,切身感受学生的思想需求,更进一步地与学生沟通交流,运用全新的教育教学方法来了解青年群体的思想症结、心理诉求,将自己置身于青年学子的群体中,才能在生活和学习中与他们进行更好的交流和沟通,达到教育双方的相互理解和支持。

4. 坚持人本原则的途径

(1) 实现教育者与受教育者双主体地位的业内共识

首先,尊重教育者的主体地位。教师在教学中扮演了一个举足轻重的角色,虽然在大学阶段众多学生已经在生理上成年,他们朝气蓬勃、勇敢上进,但与此同时他们同样也是一个意志力较为薄弱的群体,世界观、人生观、价值观还未完全扩充完整。如果没有教师正确和合理的引导,很容易在意识形态上产生偏差,进而对个人甚至学校和社会产生严重的负面影响。高校思想政治教育就是要发挥教师的引导作用,充分了解学生的成长环境及人生经历,尊重其个体的独立与个性,将理论方法逐步以学生所能接受的方式转化为德育教育。其次,要尊重学生作为主体之一所产生的不可忽略的作用。思政教育工作者必须让学生意识到自己的主体作用,使其产生强烈的主体意识,在日常学习和生活的交流中逐步培养起学生的自觉学习态度,真正做到心中有律,行动有规。只有在业内达成教育者与被教育者双主体地位的共识,才可以让思想教育理论不断得到创新与发展,加强思想政治教育在现实生活中的实践作用。

(2) 关注学生的内在需要

现在的大学生普遍年龄在 18 到 24 岁,大部分是 95 后、00 后的大学生,他们的表现欲、自尊心和求知欲都非常强,有自己的人生目标和规划。他们思维活跃、眼界开阔、易于接受新生事物、创造性强,具有比较独立的主体分析判断能力。同时，他们自我意识强，在政治信仰、知识获取、择业就业、恋爱交友等方面有较强的自主性，并且有了自己的人生追求，对自我的全面发展有很多主观需要。思政教育如果不抓住学生的需求，那么学生就容易受不良的社会习气所感染，会形成错误的价值观判断和理想信仰，导致思政教育达不到理想的效果。所以，在进行思政教育的时候，需要对学生内在的需求加以关注，要与实际、生活及学生更加贴近，对学生的所思所想有一定的了解，并以学生内在的需求为依据，设计及开展思政教育活动，让学生能够自觉地接受思政教育，满足自身发展需要的同时，提升自身思政素养，才是学生自己所需要的真正的人性化教育。

当代大学生受网络媒体、新闻广播、微信、微博等外界信息的影响，思想观念极易受到错误思想观念的影响，教育者如若不能及时关注和掌握学生的思想动态，解决学生热切关注的问题，那么其提出的与学生有关的意见和建议就很难具有针对性，学生就容易对思政教育产生厌烦心理和不信任感。要实现思政教育中的以人为本就应该站在学生需求的角度思考问题，深入学生，和学生进行交流，掌握学生的需求。例如，在思政理论教育课程结束后，学生可以对本次课程进行客观、合理地评价总结，然后教师根据学生提出的意见和建议有针对性地进行调整和改进。这样既使学生发挥主动性去积极思考和认可接受所学知识，也能促使教师不断地对教学进行完善，将以学生为本的教育理念体现出来，让思政教育的实效性得到增强。

(3) 坚持科技背景与教育方法创新的完美融合

思想政治教育作为教育体系中极为重要的一环同样也需要跟上时代潮流，利用科学技术是教学方法的创新与发展。先进教育必须更注重培养能力，但是能力必须与自身知识体系结合在一起才能发挥更大效用。所以，只有努力做到知识与能力的结合，才能在科技时代实现科技与教育的创新发展。由此可以看出，教育者一定要将自己置身于科技发展水平不断推进的历史发展进程中，做到因势而新，同时正确认识我国与西方发达国家之间的差异，并与国际接轨，不断提升自身教育的质量与水平。在教育手段上的创新往往体现着一个学校对思想政治教育的重视程度，不断开展课外的实践活动，如田野调查或红色之旅等方式，是让一部分"五谷不分、四体不勤"的青年学生体验近代中国生活最直接的方式,也是历史与现代的一次跨时空连接。还有线上慕课等大量利用网络平台衍生出的全新的教育教学方法,不仅创新了思想政治教育的传播模式,也合理优化了对被教育者的考查结构。基于此,各大高校更应该积极合理地利用起网络平台,对大学生进行多方引导,合理上网、文明上网,让其全面提高网络时代高校学子的整体素质。

(六)心理相容原则

1. 心理相容原则的内涵

(1)心理相容原则的含义

心理相容是一种群体特性,是指群体中各成员之间由于理想、信念、观点一致而形成的一种融洽的心理交往状态,是良好人际关系在人们心理上的反映。每个人都是独立的个体,由于所处社会环境不同、社会经历各异,以及认知水平参差不齐等,个体之间存在一定差异,主要表现在能力、思维、兴趣爱好、性格和气质等方面。在实际生活中,个体之间又有着相互联系、相互依存的关系,只有承认自身与他人的差异,做到相互理解、相互包容、相互信任和相互支持,个体之间的关系才能呈现出良好的发展趋势,社会也才能和谐发展。心理相容是实现个体之间"你中有我,我中有你"融洽关系的前提和保证。单独的个体只有在充满信任、理解、包容和情感交流的心理环境中,才能激发其主观能动性,使其更具活力、创造性、创新性,更能以乐观健康的心态面对生活、学习及工作,实现自身价值。个体之间只有心理相容,才能创造一个积极的心理环境,从而将个体的力量凝聚在一起,集中力量实现集体的奋斗目标。

(2)思政教育中的心理相容原则

思政教育中的心理相容指的是教育主体与教育客体之间不存在心理屏障,认可彼此的个人能力,接受和尊重彼此的思想观念,理解和支持彼此的个性特征,形成心理和谐一致、情感相融相通的心理状态。思想政治教育要想取得良好的成效,其基本保证和前提条件就是教育者与受教育者之间要心理相容。假如教育者与受教育者之间可以相互信任与理解、包容与支持,那么教育者就能充分了解教育对象的所思、所想、所忧,从而采取科学有效的措施为教育对象排忧解难;教育对象也能够明白教育者的良苦用心，自愿接受教育者的教育引导，进而让思想政治教育工作的实效性得到提升。相反，如果教育者抱有偏见，对待教育对象的时候态度比较生硬，或是教育对象怀疑和不理解教育者，甚至对教育者有反感心理，就必然会导致思想政治教育工作没有办法顺利地开展。

2. 坚持心理相容原则的意义

（1）有利于营造良好的心理氛围

在思想政治教育中，心理相容原则促进了教育者与大学生的相互理解、相互信任、相互依赖，形成了融洽、交流无障碍的师生关系，营造了良好的心理氛围。大学生在与教育者进行交流时，如果双方关系融洽，没有歧视、猜疑或矛盾，就能敞开心扉畅所欲言，说出自己所思、所想、所忧，为教育者全面掌握大学生的思想动态提供便利，让教育者可以在思想政治教育过程中因材施教，从而让高校思想政治教育工作更加具有实效性。

（2）有利于教育主客体充分发挥主观能动性

一方面，心理相容使大学生保持积极乐观的心理态度，不论是在生活上、学习上，还是在未来的工作中，都能充分发挥自身的主观能动性，激发思维潜能及学习热情，促使他们积极主动地接受正确的引导，提高他们的学习效率和学习质量，让他们的学习更具创造性、包容性和多样性，在实现个性发展的同时实现自我价值，进而获得心理满足感和成就感，形成一种良性循环；另一方面，教育者看到大学生在自己的引导下，以积极乐观的态度面对生活、学习和工作，也会获得满足感和成就感，进而激发教育者的主观能动性，继续以热情乐观积极的态度投入教育工作。

（3）有利于消除大学生的逆反心理

大学生的世界观、人生观、价值观正处于发展期和形成期，对问题的了解并不全面，常常只知其表象而不知其本质。再加上大学生的个性强，自我管理能力差，常常以自我为中心，当自己的一些做法不被家长、教师、朋友所理解和信任时，就会产生消极对抗的情绪，出现逆反心理。在开展思想政治教育工作的时候要运用心理相容原则，教育者会主动关心、信任、尊重、爱护大学生，让他们感受真诚的人文关怀和情感温度，触动其内心，让大学生能够对其产生信赖感，对于教育者进行的正确引导愿意主动接受，并且能够听取不同的意见，消除大学生的逆反心理。

3. 运用心理相容原则的必备条件

（1）教育者与教育对象价值观的接受和认可

心理学中的相似性原理指的是拥有大致相同或者较为相似的观点的人，能够更容易理解，吸引彼此，生活中大多数人喜欢接近有相同观点的人。教师和学生如果在信仰或者价值观等方面有较为相似的地方，就会使他们有一种"彼此相像"的感觉，这样，他们在心理上就能理解彼此，易于接受彼此。在这种情况下，教师应主动通过开展各种活动接近学生，让他们自觉地在各种实践活动中形成符合社会需要的思想观念，这样的教学方式比空口说教更有效。

（2）教育者应具备良好的人格魅力

随着科技的发展，社会的进步，使教师传统意义上的权威受到挑战，教师的知识储备如果不足，会导致失去教育的权威性和学生的信任感。此外，教师不仅应该提升个人的能力素质，还应该提升个人魅力，拥有良好的个人品质。教育者是教育实践的指导者，榜样的示范力量会使教育者像一块磁铁吸引着受教育者，从而引导他们的言行，所以教育工作者要时刻重视自我教育的作用。教育者的道德素质和个人能力应该符合教育工作者的期望。否则，教育效果将大大降低。

4. 实现师生心理相容的路径

（1）教育者要提高自身修养

教育者是大学生树立正确世界观、人生观、价值观和全面健康发展的引导者及保障人，只有做到思想境界高、政治立场稳、道德品质好，才能吸引、感染大学生，使其信服，愿意接受思想政治教育。同时，教育者要具有良好的个性品质和美好的外在形象。若教育者对待学生做到真诚、热情、通情达理、善解人意，外在做到仪态大方、行为举止得体，那么学生自然愿意与教育者交往交流。这时教育者再通过交流给予学生思想启发，丰富其情感，满足其心理需求。除此之外，在进行思想政治教育的时候，教育者有教育主体与教育客体的双重身份，在开展教育的同时要接收学生的反馈，根据反馈改进自身不足，不断完善自我，促进教育方式方法和教育内容与时俱进、与生俱进，实现教育者与大学生的心理相容。

（2）建构平等民主师生关系

在开展思想政治教育工作的过程中，教育者要放下高高在上的教师形象，以朋友、亲人的身份出现在大学生面前。只有在师生双方处于一种平等和谐的关系时，大学生才会感到轻松愉悦，没有心理压力，乐于与教师坦诚地沟通交流，说出心里话。在生活上，教育者要像亲人、长辈一样主动关心大学生，让他们在充满爱意的环境中成长，使其对教育者产生心理信赖感。在学习上，教育者不仅是教师，还是学生的朋友，要主动帮助大学生，做一个真诚的倾听者，适时给予学生正确的指导，让他们产生心理依赖感，化解其对立的情绪和逆反心理。

(3) 发挥学生的主观能动性

对于思想政治教育工作来说，实践活动是其第二课堂，教育者应该有意识地对实践活动进行组织，并且应该积极参与到其中。通过实践活动，使学生能够领悟理论知识，并对理论知识进行运用，对实际的问题进行探索，加以解决。同时实现自我价值，将学生探索真理的欲望激发出来，发挥其主观能动性，使学生积极投入学习，补足自身的短板，全面健康地发展。教育者可以与大学生一起策划、一起讨论，确保实践活动的可行性、安全性、实用性，做到与学生同思、同做、同苦、同乐，形成一个轻松愉悦的教育教学氛围。教育者要让学生放下防备心理，增加与大学生的双向交流互动，潜移默化地传播正能量，发挥自身榜样作用，成为学生成长历程中的带头人和引路人。

第二节 新时期高校思政教学取得的成效

一、线下教学取得的成果

(一) 实践教学

高校思想政治理论课实践教学的产生并不是偶然，而是与社会的发展密切联系的。从历史发展过程看，实践教学思想最早可以追溯到春秋时期各学派的教育思想，实践教学模式主要强调实践形式的多样性，目的在于构建与课堂教学相互促进的思想政治理论课教学体系。

实践教学是相对理论教学而言的一种教学活动，是以系统的理论教学为基础的，通过实践的方式达到教学目标。在教师的指导下，学生进行实践活动，发挥学生自己的主动性，能动的认识世界和改造世界。具体表现为：通过体验式、研讨式、合作式、虚拟型、辩论赛教学法进行教学，坚持以学生为中心、教师为主导，是当前高校采用较多的一种模式。

实践教学分为课内实践与课外实践，课内实践主张让学生在课外实践的同时，也鼓励学生在课堂内进行实践活动；课外实践强调让学生走出教室，在教室以外的地方进行实践教学活动，让学生亲自参与探讨、参观、调研。简而言之，实践教学模式是以教师为主导，以相关教学内容为场景，以学生亲自参与和体验为方法，以提升学生综合素质为教学目标，完成对课堂上所学到的马克思主义基本理论和观点的验证，强化学生对知识的掌握，使其内化与吸收，最后又用于实际生活的一种教学活动。

（二）案例教学

案例教学模式坚持教师主导，以教师为中心。主要教学方式是传递——接受式教学，这种模式下构建的大学生和高校教师关系是单向教授式的。该模式与一般讲授模式不同的是，教师在课前会选取大量与内容相关的案例进行比较筛选，用最生动、最贴合学生实际的案例结合内容进行讲授，不再是单一、枯燥的灌输方式。案例教学是为了使思政课堂更富有生动性和贴近实际生活而产生的一种教学模式，结合学生实际，运用准确、生动的案例来服务教学内容。其案例的选取要具有典型性，通过对典型案例的分析，展示出其中所蕴含的价值观、道德价值和人生意义，以此启发学生思考与学习，是一种先教后学，以学为主的教学模式，这是当前大多数思政课教师采用的较多的教学模式。

（三）专题教学

专题教学模式将各门课程文本分为不同的专题进行教学。该模式是对思政课教材体系重组的一种创新的教学模式，对传统的讲授式教学模式在一定程度上进行了否定，从教师的专业背景与时事背景需求出发，以教师教为主，对内容进行系统化和模块化的讲解。专题式教学以北京大学思政课的"专题讲座式"为母本，衍生出北京联合大学的"问题导入式"专题教学、中央财经大学的"问题链式"专题教学模式等版本。专题式教学是一种涵盖教学方法、社会实践和学生考核等各方面的综性教学法模式，也是教育部大力推广的一种典型模式，已经为国内许多高校所实践，并在北京地区高校中居于主流地位。

二、网络教学取得的成果

（一）网络教学

信息技术的发展推进了教育改革，人们逐渐将信息技术同思政课结合，构成网络教学模式。高校思政课网络教学模式坚持大教育观，强调大学生和高校教师双主体，依赖信息技术、手机等媒介进行教学。由于网络的特殊性，网络教学模式教学内容比其他教学模式所涵盖的内容广泛，涵盖了各个领域。网络教学模式是一种随着信息化发展而形成的信息加工型教学模式，这种教学模式是在近年才逐渐开始广泛运用于思政课教学中的，需要网络媒介将教师与学生关联起来，打破了传统思政课中时间与空间的限制，是完全脱离学校教室的一种模式。其把传统的教室转化为网络教学平台，在平台上构建教室，学生与教室不再局限于教室中进行教学活动，而是把教学活动转移到教学平台中，运用双向互动法，实现教师与学生课上课下有效互动。

（二）线上线下教学

线上线下教学模式将课堂教学与网络教学相结合，与网络教学模式密切相关，又与其有所区别。这种模式最早是2009年在南京师范大学的思政课教学中实施的，逐渐为众多高校所使用，尤其是在疫情防控期间，其优势显现，众多高校开始对其推广使用和进行深层次的研究与改革。线上线下教学模式以学为主，强调先学后教，注重学生自学习惯的养成，以建构大学生认知体系，以帮助学生自学教材和拓宽视野为教学目标，以学生自学与教师线上讲授为基本形式，是在网络教学模式基础上进行改革与深化的一种教学模式。

综合六种教学模式，其中运用较多的是实践教学模式、比较教学模式及案例教学模式,这三种教学模式都是高校思政课教学模式中出现较早的教学模式。后期随着老师的专业背景不同,加上每位教师擅长的方向不一样,开始出现分科、分专题的教学模式,目的在于减少教师教学与科研的冲突。随之网络教学模式与线上线下教学模式出现,这两种模式主要基于网络技术的成熟和人们受网络影响越来越严重的情况而产生。对教学模式的不断探索,使高校思政课的教学目标、教学原则、条件保障、教学内容、教学方法和教学理念不断发生变化。

三、高校思想政治教育对象主体意识增强

习近平总书记关于意识形态工作的重要论述中强调了人民性,意识形态领域的一切工作都要依靠人民、围绕人民,为了人民群众的根本利益。用该论述中的观点和方法分析高校思想政治教育,可以看出高校所面对的教育对象是学生,因而,高校思想政治教育务必做到"以学生为本",实现全程、全员、全方位育人。对于高校思想政治教育而言,学生就是学习的主体。

一方面,当前大学生对于思想政治教育持积极配合的态度,会主动看"学习强国"等网络平台上的思想政治内容,对于高校思政理论课的学习主动性也比较强烈。

另一方面,传统意义上的高校思想政治教育更加注重强调思想政治理论知识的灌输,主要以课本教材内容为教育重点,以教师的讲授为中心,在很大程度上削弱了学生作为学习主体的原则。习近平总书记指出,思想政治工作从根本上说是做人的工作,必须围绕学生、关照学生、服务学生[1]。因此,教师更加重视和尊重学生在思想政治教育课堂的学习主体的身份和地位,通过课前预习活动、课上交流讨论,以及课后开放性任务的完成及反馈,极大地调动了学生的学习主动性,引导学生学会自我发声、深入思考,使得学生从灌输式教育中得以解脱,从被动性学习转向主动性参与,有利于学生对于知识的内化和升华。学生学习的主体性意识得到提高,思想政治教育实效自然增强。

---

[1] 全国高校思想政治工作会议. 2016年12月.

四、实效性初步显现：理想信念得到强化

首先，多元主体初步形成协同意识，育人主体的主体性和社会性被激发，思想道德水平得到初步提升。通过分析对比部分高校近两年关于大学生理想信念的调查报告得出，八成以上大学生的理想信念呈上升趋势。具体表现为：大学生的思想更加积极进步，越来越关心政治，尤其是热点问题；大学生集体观念增强，大部分学生可以把集体利益放在首位；大学生生活态度更加积极乐观，能够以进取的心态追求实用主义；大学生自我意识增强，思维活跃，学习生活中自我教育能力提升；等等。随着中国社会主义现代化的发展，大学生的理想信念将会更上一层楼，为实现"中国梦"奋斗终身。

其次，课程中的德育资源得到一定程度地挖掘，马克思主义理论和中国特色社会主义理论成为理想信念的有效支撑。新时代背景下，要求我们要做好大学生的理想信念教育工作，发挥好思想政治理论课的优势。一方面，思想政治教育理论课考查方式多样化，笔试、网课、实践等相结合，在多样的考核中，学生学习的积极性得到了提高；另一方面，关于理想信念内容的思政选修课产生，受到大学生追捧，学生的理想信念得到强化。

最后，平台环境得到一定程度地净化，课上课下、网上网下"两联动"，陶冶人的精神世界，直面人的生活世界。关于学生理念信念教育的网络端口层出不穷，如"学习强国""e支部""爱思政"等，学生通过App、微博、QQ、贴吧等途径随时随地学习，进而强化理想信念。

五、高校思想政治教育师资不断优化

教育者的思想素质修养和知识理论水平很大程度上影响着思想政治教育的效果，高校在重视主渠道建设和发展的同时，更不能忽视对教师队伍的建设，要不断推进队伍建设，健全管理及激励体制机制，保证教师队伍人员充足。其中，突出强调了数量充足、素质优良的师资力量，对于高校思想政治教育工作的推进的重要性。目前绝大多数的教师思想政治水平和理论知识素养，都基本符合思政教育者的基本标准。同时，高校谨遵习近

平同志讲话精神，坚持"严格标准、精心选拔、优化结构"的人才选拔方针，从"入口"处严格把关；而且更加重视构建良好的工作文化环境，组织开展教职工文化活动，教师队伍形成了和谐友善、积极向上的工作氛围；绝大多数高校会定期安排思政教师参与党章党规的学习，以及召开重要会议精神领悟讲座，保证思政教师信仰坚定。

六、高校思想政治教育课堂主渠道作用明显

习近平总书记关于意识形态工作的重要论述强调"意识形态是一项极端重要的工作"，突出强调了习近平总书记对于意识形态领域工作和建设的重视。意识形态性作为至关重要的属性与意识形态教育的内容，共同寓于高校思想政治教育当中，且其内容也包含了意识形态教育的内容。因此，高校要想通过思想政治教育筑牢学生思想意识防线，必须要强化科学理论的导入，首要途径就是思政理论课。通过课堂，实现对大学生政治理论知识的输入和思想的引导。

因此，高校思政理论课承担着教化大学生思想意识、培养学生健全思想的重任，对高校全局建设也有着重要意义。习近平总书记认为，思想政治理论课是落实立德树人根本任务的关键课程。[①] 近年来，全国高校谨遵党和国家在高校思想政治教育方面提出的新政策和新要求，把思想政治课堂作为教育主渠道进行优化与发展，并将其看作高校一切工作推进的关键和学科建设的中心任务。高校谨遵"立德树人"的教育发展理念，并将此理念贯穿教育教学全过程，从学校、社会到家庭，形成教育的强大合力，全方位、多角度促进思想政治教育的最佳成效。最后，高校也要不断提高教学能力、培养师资队伍，使高校思政理论课极大地发挥其主渠道的作用，实现高校思想政治教育最大成效。

---

① 学校思想政治理论课教师座谈会. 2019年3月.

第三节　新时期高校思政教学遇到的困境及原因

一、新时期高校思政教学遇到的困境

（一）思想政治教育队伍的网络素养有待提升

"互联网+"不仅对教育环境做出了改变，也对思想政治教育队伍的网络素养提出了新的挑战。一方面，部分高校教师长时间受传统教学观念的影响，在互联网和思想政治教育的融合中会产生一些抵触心理和情绪，认为网络教育与思想政治教学方法相悖，网络教育不够严谨、不够踏实等思想充斥在教师的心中。另一方面，在招聘过程中，大部分高校领导以学历为入门门槛，以及重视对教育工作者应试能力的考查，而非看中思想政治教育工作者的真正实力。而"互联网+"的时代要求的却是平等和开放的课堂，知识不是灌输式而是大家一起分享。对于教龄比较长的教师而言，尽快掌握网络技术成了其开展教育活动中的一个难题，也增加了其日后的工作压力。比如有的老教师不能充分利用互联网获取教学信息，不会用互联网信息平台进行教学资源的编辑整合，也不能熟练运用互联网信息平台进行思想政治网上教育，同时不少思想政治教育工作者不了解新时代的网上语言，无法与大学生形成互动和共鸣。

"互联网+"环境的形成模糊了各个领域与网络之间的界限，人们的日常生活、工作越来越离不开网络技术，而人们也体会到了创新成果的益处，网络技术的应用也越来越广泛。所以，当今教师群体面对网络技术的应用不要产生畏难情绪，要加以学习和练习以便能轻松地掌握操作软件和客户端系统，并将之用于改善教学效果、简化教学流程，这也能够在无形中强化教师的教学能力。"互联网+"环境的形成，为学生提供了无数种获取知识的途径，善于利用网络的学生可能会获得比教师还多的知识，但是离开了教师的解说和引导，学生会存在无法拼凑碎片化知识的问题，这就需要教师不断地增加自己的知识储量，利用"互联网+"环境如知识专题

性网站、各种学习软件来吸收知识，通过提炼和总结碎片化和浅层阅读内容，将这些知识与学科专业知识相整合、扩展，只有自己的知识储量提升了，才能帮助和指导学生更好地消化网络上所接触到的知识。

（二）大数据环境下学生思想多元化

大数据包罗万象，信息种类纷繁复杂、真假并存，其中也不乏会掺杂一些不良及错误思想，很可能会影响大学生的人生观、世界观和价值观。这些错误思想和观点，通过网络平台试图影响青年群体，为获取自己的利益做准备。在海量信息面前学生真假难辨，会分裂出不同的群体、不同的观点态度，也会表达出不同的思想行为，导致思想政治教育的受众思想形态各异，为思想政治教育增添了难度。

（三）高校思政课教学评价存在的现实问题

1. 评价目的不明确

思政课在高校中开展的目的一直都是很明确的，但是在评价体系中，会出现不能够做出明确评价的问题。在教学当中，一些教师将理论知识的学习评价作为终极评价，这就使阶段性考核失去了意义，而在很多高校的思想政治课程评价当中都会出现这样的问题。因为理论性考核占比太多，因此，考试成绩并不能真正考核其是否实现了教育目标。正是因为教师过于重视理论学习，所以在教学当中偏重于理论讲解和传统教学模式教学，架空了理论，不联系实际，就不能带动学生的思考，由此也就不能让学生带着对理论的感知去思考实际问题，学生就难以获得正确分析问题和解决问题的能力。所以在这样的考核当中，只通过期末的考试成绩加上平时课堂的考勤考查来整体考核，这对学生来说并不能达到很好的知识学习作用。尤其是在思想政治课的学习上，其主要目的是培养学生实际生活中的良好观念和道德素养，这一切都建立在理论联系实际的基础上，而教师过分强调成绩和理论上的掌握，就忽略了学生真正理解的程度。如果只注重表面上呈现出的理论考点，学生对思想政治教育课的认识也就停留在死记硬背的冰冷知识点中。这样的考核缺少了学生掌握知识后的客观分析，也缺少了教师与学生通过思想碰撞产生的共鸣，和对学生整体行为和思想的渗透。此外，这样的机械化考核对于评价体系的丰富和完善极为不利。

2. 评价方法不科学

现今的评价方法在思政教学评价体系当中仍然有不科学的地方存在。例如，问卷调查法。问卷调查法很难保证评价结果的真实性和客观性，因为从实施上，它只是通过提出具体的题目来对学生和教师进行调查。这样的书面形式虽然有利于收集数据，但是通过长期的调查会发现，这样的调查数据很难保证调查人在填写时会认真思考，主观性不强，得到的数据意义不。座谈法就是以调查者与受访者面对面的形式，这样的信息调查更加真实，但是因为这样面对面的调查只能够涉及一小部分人群，不具有广泛性和总结性，其过于片面的结果不利于教学评价体系的整体制订。

3. 高校思政教学趋势与教学评价间的矛盾

高校思政课教师不断进行多样化教学模式的改革探索与教学质量评价单一化之间的矛盾。随着互联网技术和多媒体技术的发展和成熟，越来越先进的教学手段和模式被运用到思政课教学中，思政课教学越来越呈现出多样化的特征。但是，由于高校对于思政课教学质量的评价还停留在单一落后的模式中，使得有些教师惮于评教后果，而对教学改革望而却步。部分思政课教师，一方面，面临着上级部门和学校要求对思政课不断进行改革探索的压力；另一方面，又面临着担心评教成绩影响职称晋升、评奖、评优等而不敢尝试突破旧的教学模式的矛盾。

4. 思政课考查方式仍较为传统

高校思想政治理论课教学评价是高校思想政治理论课程建设的重要环节。重视高校思政课考查方式，根本目的是为了提升思政课教学质量和促进课程建设。随着时代的发展，在高校思政课教学改革过程中，不同的教学方法和教学模式被提出，思政课教学改革取得了一定的成绩。在这个过程中，虽然思政课教师改变了对学生的教学方式，但与之相配套的考查方式却仍以传统的考试为主。这种考查方式更注重的是对学生所掌握的知识进行考查，而高校思政课教学目标是培养时代新人，单纯地通过对学生进行知识考查，容易造成德才不一致的情况，不符合思政课教学开展的目的。

虽然高校思政课教学改革和建设取得了一定的成绩，各种教学模式被提出和运用于高校思政课，但这些教学模式都是在部分高校运用，受到时间与空间及经济条件限制，相对应的教学评价并不能及时跟进。如实践教学模式，为提高课程实践性，需要学生外出、讨论、辩论等，这就对学生的人数产生了限制。而以大课堂形式进行实践教学往往达不到良好效果，只能在一定规模和范围内进行教学，教师难以对每位学生进行综合考查。同时，高校思想政治理论课是当代大学生的必修课，更是对大学生进行思想政治教育的主渠道。教育部数据显示，仅2020届高校毕业生就达到了874万，但当前我国多数高校思政课师生配比还不足1∶350，一个教师面对上百个学生，教师教学组织难度大，且不同高校教师水平也不相同。在这样的情况下，教师想要进行全方位的教学评价更是心有余而力不足。大班教学组织的难度导致教师只能选择更为传统的试题测试考查方式，使教师处于比较被动的位置，难以关注到每位学生的发展，客观、综合的全方位、全过程地对每位学生进行考评。因此，有必要对教学考查方式进一步进行探索。

（四）传统教育方法和内容对高校思想政治工作的阻碍

首先，随着马克思主义中国化理论日益丰富，中国共产党指导思想体系内容也随之丰富。多数的高校在开展思想政治教育和党建工作时，为了避免出现教学内容上的偏差，也为保证教育教学的严谨性和正确性，选择将传统和保守的思想政治教育方式和内容全部保留并加以运用，久而久之，党所做出的新指示、传达的新思想会与传统教学内容产生一定程度的脱离，从根本上误导大学生对马克思主义中国化理论成果的正确认识。其次，传统教学内容比较陈旧，若不能及时融入党的新思想理论，不能深入贯彻党的新会议精神，就不能保证思想政治教育的开展及时跟随党的最新指导，高校党建工作和思想政治教育的开展就会产生偏差甚至会出现严重的错误。若思政教师简单地认为学生"记住、背过"就是掌握，只是单纯地进行理论学习，而不去教会大学生如何结合实际正确运用这些科学的理论，那么党的指导思想传达也只是流于"形式"，不能深入人心就不会产生潜移默化的效果，导致大学生面对当今时代的一切新生事物和思潮时，无法结合自身接受的思想政治教育理论和科学指导思想进行正确的分析和判断。

（六）教学内容较为抽象且热点问题回应不足

从高校思想政治理论课课程的发展来看，中华人民共和国成立以后，我国高校思想政治理论课课程内容体系发生了四次重大变化，从"老三门"——《中国共产党党史》《马克思主义哲学》《马克思主义政治经济学》到"新三门"——《中国革命史》《马克思主义原理》《中国社会主义建设》，到中共中央宣传部、教育颁布的《关于普遍高等学校"两课"课程设置的规定及其实施工作的意见》（简称"98方案"），再到"05方案"。高校思想政治理论课教学内容不断被完善，结构更加合理，形成了相对稳定的教学内容体系。在这一稳定的教学体系下，高校思政课教师教学围绕主要的五门课程进行教学，教学内容相对稳定。相对稳定的教学内容不代表着照本宣科和一成不变，随着新媒介的发展，以及思政课程本身的育人性质，作为一门关于政治、思想和道德教育的重要课程，必须站在时代的前沿，积极回应时代问题，为学生解惑释疑。因此，高校思政课教学内容必须要紧跟时代，结合实际，正如习近平总书记所强调："只有站在时代前沿，引领风气之先，精神文明建设才能发挥更大的威力[①]。"高校思政课作为理论性的政治、德育课程，其内容有抽象性，尤其是"马克思主义基本原理概论"这门课程，涉及哲学、政治经济学的内容，对学生来说较为抽象和难以理解。

同时，在实际教学中，由于长期受到传统教学模式的影响，部分教师仍存在对学生关心的热点问题回应不足的现象。对于抽象、难以理解的内容，要想方设法进行转化，将抽象的内容转化为学生容易理解的东西，并且结合时事分析，使其理解更透彻。目前的主要教学模式中都有涉及对思政课教学内容的转化，如实践教学模式选取教材中富含实践性的教学内容，对学生进行体验式、研讨式、合作式、辩论式教学，让学生在情景体验中获得知识，使枯燥的教学内容在学生实际实践中潜移默化地传授。但高校思政课作为一门重要的国家课程，注重学生实践教学的同时，还要强调理论教学，强化学生理论基础，实践教学过于强调实践，容易忽略理论知识传授和时事回应。网络教学模式与线上线下教学模式增强了教学内容

[①] 在会见第四届全国文明城市、文明村镇、文明单位和未成年人思想道德建设工作先进代表时的讲话. 2015年3月.

的现实性，内容涵盖范围广，不再局限于教材中的内容，与现实生活结合，升华了教材内容。网络教学与线上线下教学虽回应了一定时事，但难以把控实际学生的学习和掌握情况。比较教学模式和案例教学模式是选取典型的事例和具有比较性的对象，对教学内容进行论证、补充和阐述，但案例选取容易与学生生活脱节，缺乏时代性，内容对于学生仍比较抽象。

二、存在问题的原因

(一) 社会层面

1. 社会偏见影响了高校思想政治教育的效果

多数家长受实用主义因素影响，认为把孩子送到学校就读就是要学专业课知识，把最终是否能找到工作作为最终目的，进而忽略了思想政治教育对学生做人方面的培养，这些偏见阻碍了高校实施思想政治教育的效果。高校大学生正处于世界观、人生观、价值观形成的关键阶段，如果教师只关注学生在学校的专业课能力的培养，家长只关心孩子是否能找到一份工作，而对孩子思想政治教育的培养不够重视，会致使部分学生在校期间对思想政治教育的认可度不高，这种偏见会对部分学生的整体素质培养带来负面的影响。也正是由于社会、家长及教师的重视程度不够，部分学生对思想政治教育的积极性、主动性就很欠缺。学生在思想政治课上的对课程不重视表现有很大一部分原因来自社会及父母这种片面思想，这些偏见都偏离了教育的本质。

2. 新时代思想政治工作环境新挑战的影响

思想政治教育工作环境，对高校学生的思想品德的形成有着不可估量的影响。当前，我国处于经济转型的关键期，全球信息网络化加速推进，新时代思想政治工作环境面临不少新的变化，这也为现如今高校思想政治教育提出了一个前所未有的挑战。新时代背景下，要求为开展大学生思想政治教育工作创造优异的社会环境，这不仅包括外部的环境同时有内部环境的作用。所谓外部环境，不仅包括家庭、学校，最重要的是社会环境。随着社会的快速发展，网络信息技术迅速覆盖，使思想政治教育的外部环境变得更加复杂和特殊化。高校学生在校期间，能随时从网络信息中心接触到各种各样的信息，这些信息良莠不齐，尤其是一些拜金主义、享受主义等，严重阻碍了学生形成正确的世界观、人生观和价值观。高校学生的年龄并不大，也并未走向社会，思想比较单纯，同时自我判断是非的能力较弱，很容易受到这些不良风气的影响。所谓内部环境，最主要的就是高校在思想政治教育工作中运用的教育形式、途径和方法等。网络信息时代的思想政治课从教学手段和教学内容上均有显著的改变。传统的课堂教学模式无法激起学生的学习兴趣，反而使其产生逆反心理，十分影响思想政治课的教学效果。新的教育手段必须要借助于强大的网络信息，但是网络具备民主性的特点，这对于思想政治工作者来说挑战比较大。开放的网络环境可以在教学过程中使思想政治教育课变得共享、开放、方便，学生不仅可以利用网络迅速获取所要学的知识，也能拓宽自己的眼界，增进学习的动力。然而这也给高校的思想政治工作带来了很大的难度，网络这一多元化的学习方式，逐渐削弱了老师的主导地位，思想教育工作者也必须要及时更新网络知识，否则其能力很难满足新时代思想政治教育的发展。

（二）学校层面

1. 理论教育不能满足学生的期待和成长需要

在部分高校里，思政老师工作量很大，老师更多地关注学生学业的发展而忽视了自身思想道德素质的培养。部分教师教学内容繁重，在教学过程中利用单一的教学方法，使思政教育课内容过于空洞，打消了学生学习的积极性，并且把理论与实践脱节，无法统一学校和社会的共同教育。历年来高校的思想政治教育工作者始终遵循显性教育的教学方式，按照学校制订的教学进度有规定、有计划地传授思想政治理论知识。但这种教学方式往往忽视了学生的主观能动性，只注重道德规范，大多通过书本、课堂教学等载体进行教育，理论性较强，忽略了受教育者的人文关怀。新时代背景下加强和改进思想政治教育工作的前提是要注重人文关怀，这就要求高校中的思想政治教育工作者要把学生放在学习的主导地位，与学生多互动交流，利用先进的科学技术，让学生打破传统教育学的模式，更新教育观念，转变教学模式，用实践将思想政治教育上升到更加有高度的认识中。这就是我们倡导高校对学生进行思想政治教育时要使用的隐性教育的方式，这种教育方式善于把思想政治教育同社会实践结合起来，融会贯通，对学生进行启发、暗示、熏陶等。这种无形的方式具有开放式的特点，空间不受限制，更加灵活。

2. 思想政治教育体系有待完善

高校思想政治教育体系的构建需要参考很多标准，不但要符合教学大纲的要求，还要符合社会人才的具体需要，因此在教育理念的确立过程中，就会面临很多种问题。高校的学生寄宿在学校，教育工作者不但要做好学生的教师为他们解决学习上带来的困难，更要做好他们的"父母"解决其心理和情感的问题，因此教育体系的确立需要以人为本，真正关系到学生的方方面面，关注学生在学习和生活方面的需求。现阶段的教育体系，对教育工作者也做出了明确的需求。在完成课堂要求的条件下，要关注学生的私人情况，多对学生进行积极健康的引导。但是这样的教育体系也增加了教育工作者的工作难度，加大了他们肩膀上的责任。对于长久发展来说，这种教育体系可以短时间应用，但是从长远来看，这种教育体系并不适合所有的院校。高校思想政治教育体系仍然有很多问题需要解决，需要教育部门和社会的共同监督与全力支持促进学校的改革进程。当前高校思想政治教育首先需要解决的是组织体系和内容体系，一定要通过一些创新的方法手段，组织学生进行系统的学习，提升其思想政治觉悟。

3. 高校思想政治教育工作者不适应互联网技术在教学中的应用

当前互联网已经广泛运用于高等院校，高校教育工作者应当随着互联网技术的发展作出实质性的改变，高校思想政治教育工作者亦是如此。然而，高校思想政治教育工作者在"互联网+"时代，并没有从一开始就做到"因时而变，随事而制"，而是经历了一个长期被动地接受过程，其局限主要表现在以下三个方面。

(1) 思政教育工作者缺乏互联网思维

传统的高校思想政治教育过程中，教育者通常采用封闭、被动型的思维，但随着互联网的迅猛发展，各类互联网信息平台纷纷涌现。在这个全面开放共享的时代，部分高校思想政治教育工作者跟不上形势，缺乏现代互联网思维，甚至在教学中仍旧采用过去传统的教育理念。

(2) 思政教育工作者缺乏信息筛选能力

当前互联网信息平台中的信息资源鱼龙混杂，由于而高校思想政治教育工作者的信息筛选能力受自身知识水平的限制，因此互联网中信息平台中的"暴力信息""诈骗信息"及"消极信息"等，让许多教育工作者对互联网产生了消极情绪。

(3) 思政教育工作者缺乏利用互联网的能力

比如有的老教师不能充分利用互联网获取教学信息，不会用互联网信息平台进行教学资源的编辑整合，也不能熟练运用互联网信息平台进行思想政治网上教育。同时，不少思想政治教育工作者不了解新时代的网上语言，无法与大学生形成互动和共鸣。

(三) 学生层面

1. 大学生自身存在局限

目前，高校大学生通过互联网信息平台进行聊天、娱乐和学习的时间越来越长，但能够熟练运用互联网信息平台进行学习的却并不多。互联网的开放性、共享性等特点为大学生获取思想政治的相关内容带来了便利，同时也给大学生之间、大学生与教师之间平等的思想交流提供了便捷的渠道。然而，正是基于互联网开放、自由的特点，使得大学生在没人监管的情况下，并不能合理地利用互联网信息平台进行思想政治教育课程的学习，其原因有两个方面。

(1) 大学生的自控能力较弱

当前的大学生处在互联网繁荣的时代，无论是学习、交流、娱乐、购物还是出行都离不开互联网。但大学生自控能力较弱，易沉迷网络，使大学生越来越依赖互联网。(2) 大学生道德法律意识薄弱

互联网的开放性和共享性使得信息的发表和获取变得十分容易，表现出"无屏障性"的特点。同时互联网信息平台给大学生提供了一个有匿名功能的虚拟空间，大学生可以隐藏自己的真实姓名在平台中进行学习和信息的发表，他们可以不用在意他人的看法和评价。但是由于缺乏相关法律规范，大学生不认为自己的造谣行为要承担相应的法律责任，所以在微博、微信、公众号等平台中发表自己的观点和意见时，容易受到其他思想的影响，发布一些不实的消息，而这一行为带来的严重后果是大学生无法预料的。

2. 思想动态的多样性

在高校中，生源主要来自三个方面：一是参加高考入学的高中生，他们经过了高中阶段的学习，并且接受了普通高中的教育；二是单独招收的普通高中生，这些孩子文化基础薄弱，通常是在高中阶段成绩较差的孩子，他们对参加高中统一考试信心不足，只能通过高校的单独招生考试进入到学校里，这些学生觉得自己与普通参加高考的学生没有差别，实际上他们无论是在文化课和思想意识上都相对落后；三是没接受过高中教育的中专生，这类学生在初中阶段学习成绩较差，学习态度也比较差。这样复杂和多元的生源，导致学生除了在文化方面有差别，在自我控制力上也参差不齐。这种生源的多样性，导致了学生思想政治动态的多样性。目前中国正处于社会转型期，网络信息的发展迅速，促进了人的思想观念的不断进步，同时也导致了利己主义、拜金主义、享乐主义的不良思想的出现，这些思想严重阻碍了大学生树立正确的世界观和人生观，同时使得高校思想政治教育工作面临着极大的挑战。思想动态的多样性需要辅导员或者是思想理论课的教师，不仅要从表面上灌输思想政治对他们未来的作用和影响，同时要更深层的关注他们的思想动态，从学习和生活两方面同时着手，这也给思想政治教育工作者的工作提升了难度。

3. 网络资源的依赖性和生活缺乏独立性

网络对于高校学生的影响很大。这种依赖于电子产品沟通的现象，影响了部分学生在生活中的交际能力。当今是一个经济繁荣、物质条件优越的时代，学生的思想观念和价值观都呈现出多样化的状态，高校学生心理尚未成熟，他们消费观念超前，但抗挫能力不强，存在价值观混乱的情况。高校大学生在家中受到过度保护，严重缺乏独立意识，缺乏生活阅历，不能够脚踏实地的学习，导致学生对自身能力产生怀疑，易出现自卑心理。

第四章　新时期高校思政课有效课堂管理的经验总结

本章节结合新时期高校思想政治教学理论，以及我国高校教育教学发展趋势，分别从合格的课堂管理者是构建有效课堂的基础、有效课堂管理必须发挥学生的主体作用两方面进行论述。

第一节　合格的课堂管理者是构建有效课堂的基础

一、政治方向的引领者

在教育教学过程中通过宣传和讲解党的路线、方针和政策，可以增强大学生对我国政治理论的认同，引领大学生成为社会主义的合格建设者和接班人。高校思想政治理论课的主要任务是使学生了解现有的政治制度，弄清楚我国的政治目标是什么，并理解为什么我国采用现行的政治体制，最终形成正确的政治价值观、政治价值判断能力。高校思想政治理论课教师的主要职责是将正确的政治观灌输给学生，做学生政治方向的引领者，让学生接受并认可我国政治价值。意识形态领域的斗争将是长期的、复杂的、有时甚至是激烈的，所以，也必须对广大人民群众进行马克思主义思想体系的灌输。由于当前高校学生把大部分精力投入到专业课的学习中，所以高校思想政治理论课教师主要还是用宣传和灌输的方式把马克思主义理论传递给学生。但是灌输的形式与方法与以往相比有了新的变化，在调查中发现大多数教师都能用多种方法进行灌输，如传统的讲授法、讨论法、谈话法。随着信息技术的发展，大多数教师在宣传中都能应用多媒体教学技术，特别是多媒体课件在教学中应用非常普遍，采用网络辅助教学，更加直观和生动地增强了政治宣传的效果。一部分高校思想政治理论课教师，主要是中、青年教师，在对学生政治价值观的引领中，可以利用网络技术，教师可以把微信平台、微博、弹幕这些新媒体工具引入思政课堂，精心设计和准备每一个环节，让学生在更加轻松和愉快的氛围里接受思想政治教育。

二、理论知识的传授者

实践是理论的源泉，思想政治教育工作要把每一次理论创新的知识传授给大学生。以知识育人是每一位教师的使命，只有把知识都需要传承下去，才能不断发展。教育的核心任务就是传授知识，教师以知识为载体，是理论知识的拥有者和传授者。我国高校思想政治理论课教育中，教师的重要职责就是向学生传授理论知识，用理论知识武装学生的头脑。中华人民共和国成立初期，高校把理论知识的学习作为思想改造的"武器"，教师也把学生思想的改造与理论知识的学习等同。改革开放之后才把思想政治教育重新回到培养人才上，"大学生是十分宝贵的人才资源，是民族的希望，是祖国的未来"。在科教兴国，人才强国的战略背景下，高校思想政治理论课教师重新变为理论知识的传授者，以培养国家需要的人才为重任。这时高校思想政治理论课的主要表现形式一般是以教师为中心，教师在课堂上和与学生的关系中有绝对的权威。部分高校思想政治理论课教师向学生传授理论知识时，主要是一种单向的灌输关系，以教师在上面讲，学生在下面听为主，教师作为教育主体向教育客体的学生传授马克思主义理论知识。但以传统上教师作为理论知识的传授者为主体的单一方式，已经不适应新时代的要求，高校思想政治理论课教师不仅应是理论知识的传授者，还应是学生学习的引导者，要以学生为中心开展教育教学。一直以来，教师都是理论知识的代言人，使学生形成了被动接受知识的习惯，但这样就忽视了学生的积极性和主动性，不利于学生的发展。

当前培养人才已经成为实现民族复兴和发展的关键，要想在发展中占据主动，人才的素质至关重要。如习近平总书记指出青年一代有理想、有本领、有担当，国家就有前途，民族就有希望①。因此，高校思想政治理论课教师工作中最重要的仍然是传授知识。但是在理论知识的传授中，应以学生为主体，教师要采取多种教学方式来发挥学生的主动性，给学生以想象和创造的空间。如何将科学的理论知识讲清楚、讲透彻，这就需要教师有对理论解读分析的能力，教师要有深厚的理论功底，才能具备理论联系实际和分析问题的能力。调查各大高校我们发现，在公办院校中思想政治理论课教师学历相对较高，以博士和研究生为主，但一些民办和专科院校教师的学历相对较低。近年来随着国家的重视、培训学习的多方面开展，当前高校思想政治理论课教师基本具有了扎实的专业知识，但还需要有渊博的相关学科的知识，给理论知识以生命，这样才能在传授知识的同时创造出新的知识。调查发现，现在有大部分思想政治理论课教师都能意识到"授人以渔"的重要性，能给予学生独立自主学习的机会，在帮助学生独立思考的基础上让其主动地学习，真正成为以学生为中心的理论知识的传授者。

三、高尚品行的塑造者

人在塑造自己的时候最重要的是品行的塑造。人的个性中最重要的就是品行，历史和现实都证明，国家的强盛和民族的进步与人的道德品行有直接的关系，塑造人的道德品行离不开家庭教育，更离不开学校教育。近年来，经济全球化伴随而来的文化多元化，使人们的思想更加丰富，视野得到拓宽，但同时也给人们的思想观念带来很多困扰，特别是18~25岁的青年大学生，他们正处于思想观念的形成期，容易迷失方向。在这种情况下高校逐渐重视对学生的人文关怀，高校思想政治理论课教师也成为大学生高尚品行的塑造者。"用道德说服人，用行为影响人的意识、感情、行为"。较多高校思想政治理论课教师能够认识到自身对学生品行的塑造的职责，他们在一定程度上起到了对学生品行塑造的引领作用，主要以说服教育为主。高校思想政治理论课教师对学生的品行塑造，是通过理想信念教育的方式进行的，理想和信念在人的精神生活中非常重要。高校思想政

---

① 中国共产党第十九次全国代表大会. 2017年10月.

治理论课教师在思政课教学中要结合中国传统文化、红色文化和社会主义先进文化，利用文化和人文精神，通过多种途径，开展形式多样、健康向上的文化活动，在学生的成长和教育过程中使学生具备高尚的品行。调查发现，大多数高校思想政治理论课教师在对其角色定位中，能认识到自身对学生世界观和价值观形成中的重要作用。"通过影响和改变人的思想意识，即主要是影响和改变人格判断力，引导人们产生正确的行为，避免不正确的行为"。教师通过一系列方式从外向内逐步引导学生的行为和思想意识，从而使学生由内而外地形成高尚的道德品德、良好的素养。大部分教师会在课下认真研究并查阅资料，利用多种方式塑造学生的品德，他们非常不赞同高校思想政治理论课教师只负责学生的理论学习；多数教师会潜心研究，静心琢磨，在教学过程中发现问题，不断进行方法的改进和自我的提高，尊重学生的个性和主动性。

大部分教师在各种实践活动和与学生的交往中，对学生进行了思想和品德的教育，对学生进行了分层和分类的引导，没有师生之间的交流和活动，也就无所谓品行的塑造、对学生高尚品德的培养过程并不是一种被动的、单向的活动，而应该是思想政治理论课教师与学生之间双向的交流与互动的活动。精神的交往是非常重要的，从"知"到"情"到"信"再到"行"，使学生在愉悦的体验中思想境界得到提高，高尚品德得到塑造。

第二节 有效课堂管理必须发挥学生的主体作用

一、思想政治教育中大学生主体地位的重要性

（一）大学生主体地位是高校贯彻落实科学发展观的重要体现

我党在十六届三中全会中提出了以人为本，坚持全面、协调、可持续发展的科学发展观战略思想，其核心是以人为本。在高校中，特别是在思想政治教育中，以学生为本是以人为本的突出体现。根据科学发展观的要求，要培养全面发展的大学生，必须充分明确大学生在教育中的主体地

位，在推进思想政治教育的过程中，充分认识并努力发挥大学生的自主性、能动性和创造性，融基本教育目标与学生需求于一体，融教育工作者的施教与学生主动受教于一体，在客观认识和把握大学生思想动态和思想需求的基础上推进思想政治教育，可以使他们直观地感受到这种教育的针对性和有效性，从而更加乐意去主动配合教育过程、参与教育过程、完成教育目标。可见，大学生主体地位的发挥是以学生为本的重要体现，据此实施教育，方可以保证学生更好地认可和接受教育安排，自觉主动地做到全面、协调、可持续发展。

（二）大学生主体地位的发挥有助于提升学校教育教学质量

一方面，通过树立大学生在思想政治教育中的主体地位观念，思想政治教育工作者可以更为充分地与他们进行沟通、互动，了解其思想动态，把握其思想需求，思想政治教育的针对性和实效性可全面实现。另一方面，学生在校园中可以在一定领域内树立主人翁意识，增强对学校的认同感和归属感，积极主动地参与到校园文化建设中去，并且根据自身的认识和感受对学校和教师的管理和教学进行反馈、做出评价、提出合理化建议和正当要求等，也可以成为推动学校发展、提升学校教育质量的有机组成部分。

二、大学生主体地位缺失的表现

（一）学生缺乏自主性

在基础教育和中等教育阶段，受传统应试教育等因素的影响，学生的主体地位并未被认可，在这种被动的学习环境下学生会对学习任务产生逆反心理，这无疑违背了教育的基本规律。学生进入大学之后，这一局面必须要从根本上加以扭转，要让他们主动学、乐于学。这便要求教育者全面认识大学生的角色定位，既把他们视为教育对象与被管理者，又把他们视为自我教育的对象。唯有如此，才能有针对性地设置教育内容、改进教学方式，才能使他们在自主选择的基础上，有目的的主动学习、自主学习、自我发展。

（二）学生缺乏创造性

思想政治教育对象的创造性是其自主性的另一个表现，是学生在反映教师所传授的信息和自身思想品德状况的基础上创造出新的东西。对于新的教学方法和教学形式不仅学校和教师可以研究探索，学生也可以积极参与进来，充分发挥其自觉能动性。在高校，教师扛起了研究新教学方法的重担，学生并没有积极参与研究的意识，因此，应鼓励学生多提出自己的意见和建议。

三、大学生主体地位缺失的原因

（一）课堂教学方面的原因

1. 传统教学方法单一

当前我国大部分高校都在积极地进行课堂改革，部分学校探究出了新的教学方法，取得了明显的效果，但是仍有一部分高校还在运用传统的教学方法。思想政治教育是教师和学生一起参与并且积极发生互动的过程。因此，在思想政治教育的过程中，教师和学生都应该加入课堂中并且积极地进行交流。但是部分教师在教学时仍然使用的是"满堂灌"的传统授课方法，这种传统的方法使得教学变成了单一的输出，学生没有积极地参与到课堂中，从而导致学生对课堂内容没有兴趣，并且也缺乏投入学习的热情。所以传统的授课方法不能很好地体现学生的自觉能动性和自主性。

2. 教学内容偏离学生的实际

在我国高校，部分教师能够做到将思想政治教育内容与具体实际相融合起来，发挥了思想政治教育积极的作用；但是也有部分教师没有很好地了解学生，掌握学生的实际需求，在授课过程中只是照搬课本内容，讲解理论。思想政治教育本来就是理论性比较强的课程，所以照搬课本很容易造成生硬和枯燥的感觉。一旦学生在课堂中感觉无聊就会渐渐失去学习的热情，不能很好地加入思想政治教育课堂，会对所学内容不进行积极的思考，自觉能动性就很难真正体现出来。

（二）学生自身的原因

学生自身的原因主要是主体意识淡薄。随着我国高校改革力度的普遍提升，所有高校对思想政治教育水平的提高都愈发地重视起来，并且纷纷对思想政治教育课程进行了课堂改革，改变了传统的单向传输的授课方法，创新了思想政治教育方式方法，突出了学生的主体性地位，提高了大学生的思想道德素养。但在进行课前预习的时候，有一些学生对于教师的安排过于依赖，不能独立完成学习计划和目标的设定，没有将其自主性发挥出来；在学习过程中，仍然有部分学生只喜欢听教师讲课，不愿意主动思考问题。部分学生对于教师的新教学方法没有给予积极的反馈，对教师所教授的内容也没有进行积极的思考，表现出思维惰性，更不愿意与教师进行积极的互动交流；对于教师所讲的思想品德要求，也没有与自身进行对比反思，调整自身的不足，处于被动消极的状态，而且欠缺思考怀疑的能力，不注重发挥自身的创造性。

四、提升大学生教学主体地位的措施

（一）教学目标设置融入大学生的基本需求

要从人性化、个性化、制度化三个层面做到教育目标与学生需求的融合。首先，在人性化层面上，从共性的角度全面客观地把握大学生群体性的思想特征，对他们学习生活中的良好特性加以强化，对他们的不良特性加以抑制、纠正，并将此确定为教育目标的基本内容之一。其次，在个性化层面上，充分认识到每一个学生在智力、家庭背景、情感、心理、兴趣、特长等方面存在的差异性，一方面尊重个性的差异，另一方面极力避免因个性带来的冲突与摩擦，努力做到求同存异。最后，在制度化层面上，充分认识到制度规范对大学生思想、态度和行为的规范、调节、引导作用，逐渐树立学生的规则意识。

（二）大学生要从自身内功修炼开始

大学生主体地位的发挥不仅需要从外在上转变错误观念、从目标上融合学生需求、从形式上创造更多的平台，它还要从根本上内化为大学生的基本诉求。只有这样才能够从根本上改变大学生不得不硬着头皮学的消极状态，从而逐渐创建大学生在课堂中的主体地位，要做到这点，首先，大学生要首先明确自身的使命。大学生自身的使命既与个人成长目标、家庭的期望紧密相关，也与新时代下社会进步、国家富强的社会责任相关，它们均不同程度地要求大学生树立远大的理想与抱负。其次，大学生要养成良好的自律习惯。他们可以根据自己的兴趣、专业、特长、家庭背景等多种因素，明确自身的学习目标和学习内容，有计划、有步骤地学习，要养成良好的自律性，做到自我认识、自我调控、自我矫正。通过良好的自律，大学生可以在有效的自我学习、自我提升中充分展现其自主地位。

（三）积极开展实践活动

教育者应该有意识地对实践活动进行组织，并且应该积极参与其中。通过实践活动，让学生能够领悟理论知识，并对其进行运用，对实际的问题进行探索，并且加以解决，同时实现其自我价值，将学生探索真理的欲望激发出来，发挥其主观能动性，使学生积极投入学习，补足自身的短板，全面健康地发展。教育者可以与大学生一起策划、一起讨论，确保实践活动的可行性、安全性、实用性，做到与学生同思、同做、同苦、同乐，形成一个轻松愉悦的教育教学氛围。教育者要让学生放下防备心理，增加与大学生的双向交流互动，潜移默化地传播正能量，发挥自身榜样作用，成为学生成长历程中的带头人和引路人。

第五章 新时期高校思政理论课教学改革途径

本章节主要从新时期高校思政教育的教学内容改革创新、新时期高校思政理论课教学模式的改革、新时期高校思政理论课教学方法的改革、拓宽思政教学平台、完善高校思政协同育人教育途径、加快高校思政师资队伍水平建设、教学体系的集成创新、思政教育育人体系构建几个方面进行论述。

第一节 新时期高校思政教育的教学内容改革创新

一、强化高校思想政治教育导向力

（一）推进思想政治教育科学理论中国化

高校是党领导的社会主义高校，务必贯彻和落实党的教育方针和政策，坚持以马克思主义为指导。高校引导大学生原原本本读马克思主义经典著作的同时，要注重与中国的实际相结合，将中华优秀传统文化作为思想基底，实现马克思主义与传统文化的结合。习近平总书记在治国理政中擅于引经据典，在马克思主义中国化的过程中实现与我国优秀的传统文化相融合。高校思政教育的内容包含了传统文化教育，因此，高校推进科学理论中国化的过程，一定意义上也是对高校大学生进行传统文化教育。

（二）推进思想政治教育科学理论时代化

任何一种思想的出现都是对特定时代的物质世界和精神世界的反射，反射出时代赋予的任务和要求。推进思想政治教育科学理论时代化，即推进思想政治教育过程中的马克思主义理论时代化。马克思主义科学理论能够拥有强大生命力，历久而弥新，正是因为其不断符合并适应时代提出的新要求、融入时代新元素并回答时代提出的新课题。推进高校思政教育科学理论时代化是高校面临的新的历史课题，高校思政教育的实效性正体现在时代化。

首先，高校务必要重视理论内容的创新，紧跟时代发展的步伐，把握时代本质和时代发展趋势。高校对大学生而言是党和国家重要的"传声筒"，是向大学生传达最新理论、政策和会议精神的中间载体，因此更应及时并准确地将党和国家的重要思想内容和重大会议精神，更新到思政教育的内容中，对于教材内容要做到及时更新并传送到学生手中，对于重大会议精神的领悟，高校应及时开展专题讲座或召开主题活动，帮助学生和教师解读和领悟重大政策精髓。

其次，高校的党团建设也应体现时代化的内容。高校党团是共产党人的摇篮，是高校党团建设的重中之重。其工作内容包括对积极分子的选拔、教育与考查、对预备党员的考查及对党的路线、方针、政策的宣传和学习，因此，作为思政第二课堂的党团，其内容也应体现时代化精神。

最后，时代化也体现在教育模式、方法和途径的与时俱进，高校应不断优化和改进教育理念、内容、方法及环境，用符合时代的新理论指导学生，用全新的科技媒体辅导学生，用最新的教学方法引导学生，使理论知识更贴合学生生活实际。理论内容的与时俱进和宣传教育手段的与时俱进，可以极大地促进高校思想政治教育的时代化，从而体现教育实效性。

（三）推进思想政治教育科学理论大众化

通过教育宣传马克思主义，是马克思主义大众化最基础的方法。作为指导中国具体实践的科学理论，其根本要求和内在要求就是马克思主义大众化。高校开设的马克思主义理论相关课程，可以通过有计划、有目的的教学活动，使高校大学生理解并接受马克思主义，同时将其内化为自身的一种信仰，指导及影响思维和行为活动。

一方面，在高校思想政治教育中，教育者应将马克思主义理论枯燥乏味的语言，转用生动、形象、诚恳的方式将其内涵传达给学生，同时借助鲜活的案例和感人的事迹，在真实的教育情境中，让学生感悟科学理论的先进性和真理性。

另一方面，高校通过在校报、校园专栏，以及微信、微博等公众平台刊登或发布大众化马克思主义相关内容，以深入浅出、生动活泼的语言文字，将通俗化的马克思主义理论运用于分析当前热点事件和时代大势。

高校思想政治教育大众化，更是国家未来稳定发展的基础。高校培养了无数科技文化精英，他们承载着国家未来发展的重任，将通过与社会的互动对社会各方面的发展产生影响。高校思想政治大众化就是要将马克思主义理论转化为思想武器，内化修养，外化行为，这是维护社会稳定、国家发展的前提准备。

二、推进向"双主体"教育模式改革

"双主体"教育模式是指在教学过程中既兼顾学生在学习中的主体地位，又重视教师的课堂引导作用。"双主体"教育模式于传统教育模式而言在，学生角色、教师角色、教学方法和内容，以及教学媒体等方面都发生了相应变化。

首先，由于教师的思想政治知识理论水平远高于学生，对课堂的积极性和主动度相对较高，因此传统教学模式中教师居于课堂的主导地位。学生因思政理论枯燥乏味、对思政知识认同度低等原因，其作为课堂学习主体的参与度相对较低。"双主体"教育模式的核心是强调学生的自主学习，使学生通过多样化获取知识的途径产生对客观事物的认识，提高学习的主动性，教师作为另一主体，发挥着引导和指正的重要作用。

其次，该模式强调建立平等的师生关系。一方面，高校应通过以学生为本的教学理念逐步提高思政教育的亲和力和说服力，建立起学生与老师平等沟通的关系，使课堂教学进程当中的施教与受教育主体双方都能平等地参与到教学过程中；另一方面，高校应建立师生使用教学载体的平等关系。"双主体"课堂教学中，作为教学载体的黑板、电子课件等，不仅为教师教学提供了教学帮助，同时也是学生主动学习的主要载体。在学习过程中，学生也拥有对教学载体的使用权利。

最后，完善教育反馈机制。良好的反馈能够促进教师更好地教学、学生更好地学习，教育者和受教育者应通过网络等科技平台对已学知识进行反馈。通过反馈，教育者可以根据受教育者情况的变化，灵活地改变教学内容和教学方式，而受教育者也可以在知识层面进一步提升。通过线上线下双面强化思想政治知识、深入知识体系沟通，使教师和学生在教学中处于平等地位，更好地促进课堂教学。

三、发扬求真务实的马克思主义作风

求真务实的工作作风，在高校体现在党员干部的思想作风，以及学生干部群体的日常工作作风。

一方面，高校领导干部思想作风是影响高校形象和高校人才培养质量的重要内在条件，是其政治素养、道德品质的具体表现。高校领导干部必须自觉学习和不断深化对党的路线、方针、政策的学习和思考，在工作中坚持解放思想、实事求是、与时俱进、开拓创新的思想，将科学的思想内化为自身修养，外化为言行举止，将思想理论与学校工作的实践紧密结合。在高校工作中，务必要以全局为重，办事和对问题的思考务必站在学校的全局高度，以学校的改革和发展为重任，以师生利益为中心，坚持履行好为高校师生、高校全体教职人员服务的基本职责，提高服务能力和师生满意度。

另一方面，随着高校校园文化的开展，我国高校的学生干部群体也日益庞大，且多数为党员干部，因而求真务实的工作作风也体现在学生干部的日常工作中。当前多数学生干部个性较强且多为独生子女，因而在学生工作中个人主义思想较为严重，个别学生干部甚至党员意识淡薄、理想信念模糊，影响了高校学生干部的工作作风。

因此，首先，高校要严格对待学生干部的选拔，以公平、公正、公开择优的原则选取学生干部；其次，通过定期例会或述职等方式，在了解其工作状态的同时，向其传递为学生服务的意识；最后，要加强学院之间学生干部的学习交流，提倡开放型学生领导队伍，实现校内各学院资源共享的良好态势。以此保证学生干部的绿色积极的工作作风，保证学生干部队伍风清气正。

四、提升高校思想政治教育环境优化力

（一）加强校园网络环境的舆情预警

在当今网络时代下，思想政治教育不仅仅需要校内外资源的强力整合，同时也需要在制度上给予监管和约束，这就需要政府、高校及学生自身的共同努力。政府方面，应不断完善网络信息管理法律和网络管理制度，对高校大学生的网络言行给予制度化的管理和规范。

高校方面，首先，要建立健全校园网络监管体制机制，以及思想政治教育平台网络舆情预警机制，加强同国家网信部门及公安部门的联系，从而形成从网络技术到网络内容、从日常网络安全到打击非法网络信息的监管合力，为高校建立健康化网络环境提供坚实的制度化基础。

其次，加强校园网络信息管理者的政治舆情敏感度，从而对高校网络平台的信息进行全方位监管，可以有效规避和解决网络病毒、网络低俗信息带给大学生思想意识上的干扰，保障校园网络环境清净，营造相对安全稳定的教育的隐形环境。

最后，在校园日常学习和实践活动中，教师应加强对学生进行网络安全教育的力度。一方面授课教师在课堂知识内容讲授中，可以穿插大学生电信网络诈骗真实案例，以口述或视频的方式让学生感受网络环境的危险性，提高大学生电信网络安全意识；另一方面，辅导员在日常管理中应通过QQ、微信班级群的方式，发布有关于电信网络诈骗的宣传教育内容，也可以开展电信网络诈骗主题班会、专题讲座及情景演绎等活动，提高学生对于电信网络安全的警觉。

对于大学生自身来说，应不断提高和强化对于网络信息的自我辨识和对网络运用的自我管理能力，提高思想政治素养，从根源避免网络环境弊端带来的负面影响。高校应高度关注容易引起校园舆情的敏感性事件，通过举办校园活动或主题班会的形式，呼吁大学生理性思考和判断，以此做好校园网络舆情的防御工作，从而使校园微平台更好地为高校思想政治教

育提供潜移默化的思想引导和便利的教学体验。

（二）推进社会、家庭和高校协同育人

高校思想政治教育的开展需要考虑环境的影响，既要考虑到校园环境对于学生整体素质的培育作用，更要考虑到社会和家庭环境对学生思想意识带来的深刻影响。对于社会而言，政府对于社会环境的调控对高校思政教育而言意义重大。政府应不断整合社会各子系统，出台相关的法律法规和政策，从而保障高校思想政治教育社会大环境。如面对各公务员单位考试政治"重智轻德"的招考现状，以及社会就业大环境的日趋严峻，政府应出台相应的制度，以彰显社会对于思想政治德育的重视，从而改善大环境，助力高校思想政治教育向着更加积极有为的方向发展。

高校开展思想政治教育工作也应该兼顾家庭环境的影响。对于家庭而言，家长的言行举止会对学生的思想行为产生深远而持久的影响，家庭成员的思想政治情况直接影响着学生的政治立场、思想意识和价值选择。因此，家庭成员一定要做到言传身教，用自身的实际行为产生潜移默化的思想教育效果，在对孩子进行正面理论教育的同时，用实际行动为孩子做示范，为孩子树立榜样，达到家庭思想政治教育的最佳成效。改革开放四十来年，我国涌现了大量的优秀人物和事迹，可以运用于思政教育的过程中。应注重将这些内容以生活化的方式讲给孩子，发挥榜样的教育影响力，帮助孩子树立正确的"三观"，形成对社会主义的正确认知，更加坚定对马克思主义的信念，而高校的思想政治教育工作和实践也能更为顺利地推进。

社会、学校和家庭不仅需要在教育内容上寻求共性，更需要构建强大的合力系统，推进全程、全员协同育人，尤其是学校和家庭之间，应形成相对连贯性的交流过程，实现课上课下、校内校外的良好互动和反馈模式，从而探求思想政治教育的最佳成效。

第二节　新时期高校思政理论课教学模式的改革

一、"互联网+思政课"模式

（一）优化主流意识形态移动互联网交流模式

有认同就要有反馈，如果单向输出，而大学生没有反馈，就会使机制无法完善自身弱点，在浪费资源的同时无法达到相应的效果。通过对话实现双向交流。交流机制可以及时了解大学生的心理需求，同时大学生在交流的过程中可以加深对主流意识形态的理解。高校网络主流意识形态交流机制，以移动互联网为依托，创建大学生交流互动平台，创设讨论议题，将大多数学生囊括到讨论体系中，实现各个主体的良性互动；提供交流学习的机会，在互动的过程中实现个人疑惑的解决，同时加深对理论的理解。这样的交流模式既有利于大学生话语权的实现，又降低了大学生参与表达的成本。移动互联网主流意识形态交流模式的重点在"交流"二字，要实现各个主体的有效对话，必须创建有利于交流的网络环境。例如，选取合适的讨论议题、满足多元化的交流需求、建设开放的交流环境等。

首先，要选取值得关注的讨论议题，如果话题过时、陈旧，很难吸引大学生的兴趣。因此在设置议题时，可以加入学生的意见，参考学生现阶段日常关注话题，从学生的角度出发，尊重学生个人想法，这样可以让学生感到个人地位的提升，增加对话题的参与度。另外，还要对议题进行及时更新，定期定时对学生进行跟踪调查，以网络回访的方式，了解大学生对于机制、议题、讨论方式的看法，提出可以完善的建议，从小处着手，大处着眼。其次，要满足多元化的对话需求。对于大学生而言，要想将绝大多数学生囊括在内，单一、固定的模式难免会让学生产生审美疲倦，时间一长就觉得枯燥无味。不同年龄阶段、不同的兴趣爱好、不同的专业学科，感兴趣的议题往往并不相同。因此，要设置多元话题，促进大学生在平台畅所欲言。

利用移动互联网的便携性特性，建设平等开放的环境可以吸引大学生积极加入，随时随地实现有效交流，同时为便于管理平台仍需要建设奖惩机制。平台要建立奖励措施，对于积极性高的学生进行激励奖励，正面强化积极行为，对于在发言过程中见解独到的发言，要扩大传播范围，可以建立类似公告的信息栏，展示发言内容；同时也要建立惩戒制度，为维护平等的交流环境，对于恶意破坏交流环境的个体，要给予惩戒，通过公开警示，暂停对话权利等方式起到警示作用。高校作为平台建设者也要及时回应期待，增加需求回收频次，对于回收到的需求进行分类处理，并展示处理结果，增加学生的信任度。对待讨论内容，教育者也要参与其中，与大学生拉近距离的同时，引导学生的思想方向。平台既能促进学生与学生之间的交流和互动，同时也能衔接教师与学生之间的交流互动，在双向互动中增强主流意识形态教育效果。

（二）不同视域下"互联网+教育"模式的构建

从教师角色看，在"互联网+教育"的模式下，思政课教师的课堂角色和教学中心的设定都必须发生转变，即教师由传统的全盘主导者的角色设定，过渡为"主导者+引导者"的混合设定，同时强化"以学生为中心"的教学中心设定。这是运用"互联网+教育"模式的要求，更是现代高等教育的发展趋势。须知，"网生代"虽反感枯燥的灌输和说教，但他们关怀社会与国家之心极为热忱。因此，教师唯有摸准学生脉搏，掌握网上相关的舆情动态，从学生喜闻乐见的角度入手，主动将各学习网站及App的功能合理、灵活地运用到思政课理论分析和政治立场的塑造上，并结合各种"互联网+教育"的导学、督学策略，才能使"网生代"的大学生能够摒弃对思政课的的负面印象，在繁重的专业课学习之余主动挤出时间深入探究思政课的知识内容。

从教学环境看，高校教学管理单位与教师都有需要施力之处。要积极同在线教学平台网站签订课程使用的相关协定，依据教学需要提供购置VR等设备的资金和保存设备的场所，并科学地制订课堂手机使用管理规则，组织培训教师学习使用在线教学平台网站及教辅App的功能，为思政课营造"互联网+教育"实施的有利环境，这是教学管理单位的应有举措；主动学习互联网平台及App的使用技术，熟练运用教学大数据分析手段，研究课堂教学法同"互联网+教育"的手段相结合的途径,这是高校思政课教师的必做功课。

当然,在确定正确方向的同时,高校思政课教学改革创新工程也应当提前预设出防范风险、避免问题的"拦水坝"。

首先,必须树立"以我为主"的督学、导学原则。教师要发挥主动性,不可全由学习平台网站代行在线网络资源的督学、导学职责,应当适时加强课堂上的反馈性考核,通过抽答、抢答、当场答题等形式考核学生是否真看、真懂、真思考,掌握学生的学习动态。

其次,教师的教学主体引导者能力和作用不可改变。由于不适合教学实际的网络资源,很可能对正常的教学逻辑和进程造成干扰,从而影响学生的知识吸收理解,导致教学实效性降低。故而,即便使用"翻转课堂"教学形式,教师仍应发挥主动引导者的能力和作用,尤其在选取资源、推荐资源的环节上,应根据学情和资源质量进行定向推荐,发挥"过滤网"的作用。

最后,在教学内容上,始终坚持思政课的严肃性、理论性、完整性、正确性。高等学校思想政治理论课是对大学生进行思想政治教育的主渠道。因此,提倡"互联网+思政课",并不等于要为"讨好"学生将思政课、娱乐化,去减少甚至删除理论阐述的内容。教师要做的应当是积极探索理论阐释的"互联网+教育"的形式,同时必须对网络上的错误言论、不良思想和观点,进行提前防范和研究,事先抢占思想制高点,构筑思想"防火墙"。教师要在课堂教学中实时阐明错误思想观点的谬误点,并以网络思维充分利用正能量的网络资源,自然地将学生引入到正确的思想方向和价值观构筑方向去。

二、生活化教育模式

(一)凸显教学内容的生活性

教学内容包含教育者传递的理论知识和教育思想,如何更好地让学生理解理论知识并接受教育,选取贴近生活,融入学生生活经历的教育素材至关重要。

第一，选取具有生活性的教育素材。生活是具体的，不是抽象的。思想政治教育是做人的教育，必须选取生活中真实的、客观的、可靠的教育素材，虚假的、不合时宜的素材只能取得相反的效果。因此教育者在选择教育素材时应做到"因事而化"，即要与学生生活中发生的大事、小事相联系；"因时而进"，即要与生活"现时"相呼应，教育素材应与时俱进，反映时代发展特色；要符合现代生活发展趋势，选择富有时代内涵的教育素材。教育者在生活中要有一双发现教育素材的"慧眼"，善于发现生活中不断发生的"大事"和"小事"，在教育过程中要精心挑选与教学内容或学生生活相关的热点事件、生活故事，找准切入点，注重与教学内容的契合性，以及对学生教育的针对性，将故事与理论相融合进行教学。教育者在教育过程中，要设置与生活相关的议题，创设与生活相关的情境，注意话语的趣味性、亲和力及学生的接受程度，运用生活中众所周知、耳熟能详、贴近学生的话语对教学内容进行阐释，提高教学的艺术性、趣味性，使学生倍感亲切，从而深化认知，转化行为。

第二，在教学中融入学生生活经历。对于新时代大学生来说，课堂上谁讲不重要，更重要的是讲什么，所以教育者应多关注学生经历，在教学过程中"投其所好"，充分调动学生学习的积极性，引导学生把生活中遇到的人、事、困惑与喜悦在课堂中进行展示和分享，并结合所讲内容，解学生之所忧、之所困，那么思想政治教育就可以直抵学生内心最深处，不仅符合学生的"口味"，还可以取得良好的教育效果。学生多年的生活和学习经历，在头脑中形成了自己的知识结构，这些已有的认知对于学生学习新知识的影响不言而喻，如果新学习的知识和大脑中已有的知识相近，那么学生的学习速度就会加快，否则，就会减慢。所以教育者在教学过程中，一定要通过多种途径多方面地了解学生已有的认知、需求和生活经历，在教学过程中融入相应的生活元素，在教授新知识时尽可能多地考虑学生头脑中已有的认知，利用学生头脑中已有的认知同化新知识，使学生更好地学会新知识，并在生活中运用新知识。

（二）教学方式要融入现实生活

1. 合理使用生活化教学方式

新时代大学生思想变化是多样的，传统的育人方式难以吸引学生的注意力，调动学生的"胃口"。因此，必须采取富有吸引力和针对性的育人方式来改善学生的思想，情境育人法和心理咨询育人是高校创新思想政治教育教学方式且富有成效的重要方法。

第一，注重运用情境教学法。知识不能脱离情境而单独存在，情境教学就是教育者在教育过程中，可以采取情境再现的方式，将生活中发生的与教学内容相关的场景，通过多媒体或学生表演的形式再现出来。也可以将具有教育意义的故事"搬"进课堂，这样对学生的教育是直接的。但是无论采取什么样的形式，其目的都是让学生在感受真实生活世界的过程中，以一种"独特"的且学生非常熟悉的方式来"反观"生活，引发学生的思考，提高育人效果。第二，注重运用心理咨询法育人。现如今大学生就业等各种压力纷至沓来，对学生的影响不仅只是思想上的，心理上的障碍也是有可能产生的，所以我们应"双管齐下"，教育者可"另辟蹊径"帮助学生理性看待自己，辅助解决学生思想上的问题，促其全面发展。

2. 重视社会实践育人方式

学生的发展是全面的发展，仅仅在课堂中对学生的教育，满足不了新时代大学生全面发展的需要，而且也难以满足新时代对大学生提出的新要求。实践是理论之源，一些知识和理论需要学生去亲身体验，以获得真正意义上的理解，并指导自身实践，这就要求教育者应注重社会实践的育人性。

第一，注重社会实践的育人性，改变传统课堂"孤岛"式教学。从纵向来看，社会是学生最终的"归宿"，从人生的发展阶段来说，学生的学校生活仅仅是人生的一个阶段。然而人并不是只有在学生时期需要教育，人生每一个不同阶段都需要教育，而且其内容由于成长阶段不同而不同，对人的教育是一个终生的过程，那么这个教育的课堂就是社会这所大的学校。从横向来看，对学生的思想教育不能只在校园内进行，也要在校园之外开展，使学生成为在校园之内外都是有道德的人，所以转变教育方式，引导学生进行社会实践是非常必要的。

第二，注重社会实践的育人性，改变传统"知识性"教学。学生要整体、全面的发展，学生全面发展的前提是掌握一定的知识，除书本知识外，生活实践中体验感悟到的知识同样也是学生全面发展不可或缺的一部分，且通过实践获得的知识更具"实战性"。如果回想人类最初的思想道德教育，毫无疑问都是在生活、生产中开展的。学生思想的改变需要一个过程，不是"瞬间"就能实现的，而且这个改变需要课上课下协同进行。教材中学到的关于道德教育的知识，是普遍且具有共通性的，而社会生活中有些道德教育知识是"搬"不到教材中去的，需要学生亲身体验才能体会、感悟出来。因此，教育者必须创新教学方式，引导学生在生活中进行实践、体验、感悟，使学生往返于在"科学世界"和"生活世界"中，做一个全面发展的人。

（三）学校管理方式要贴近现实生活

学校对大学生和高校教师的考评方式和考核标准，对大学生和高校教师的导向作用较大，直接影响大学生和高校教师工作和学习的"着力点"。所以学校必须从大学生和高校教师的现实生活和实际需求出发，来完善对大学生和高校教师的考核评价机制，为大学生和高校教师提供有针对性的工作和学习导向。除此之外，与学生每天相伴的校园环境，发挥着对学生进行隐性教育的作用，因此学校必须重视校园环境的育人作用，发挥其隐性育人功能。

1. 改进对大学生和高校教师的考核评价机制

学生是活生生的个体，对学生的考评应改变传统的、单一的以"分数论英雄"的考评方式，倡导多样化考评方式和标准；对教育者应调整和完善教师考核方案，形成多层次、多样化的考核体系，找到二者之间的平衡点。

第一，优化对学生的考评方式，倡导多样化考评标准。首先，对学生的考核评价应采取多样化的方式，从而对学生有一个全面的、全方位的了解，同时也可以改善学生对分数的过分追求。当前学生的考核评价仍以考试为主，如果一时难以改变这种评价方式，我们还可以转变思想，更新理念改变考试内容，围绕学生的实际生活设置适当的题目，例如选取生活中出现较多的案例，使育人和考试"相向而行"，实现考试和育人"两不误"。其次，注重对学生的过程性考核，关注过程性"动态"考核方式，引导学生参加志愿者等社会性公益性活动，在此过程中观察其思想和行为的变化情况，通过观察考核学生的实践和合作能力等。最后，实现评价主体多元化，对学生的考评只是通过考试和社会实践等评价，且考评者仅是教育者，这是单方面的，难以做到对学生的全面考评。我们可以探索除考试和实践之外的其他考评方式，例如同学同伴群体之间互评，他们之间每天朝夕相处，互相"知根知底"，对彼此在生活中的表现了如指掌。同时还可以在教育者的引导下进行自我评价。总之，无论采取哪种评价方式，一定要形成考评合力，并且要健全考评结果的反馈机制，总结考评经验，从而制订更加有效的考评方案，更好地发挥考核标准的导向作用。

第二，调整教师考核评价导向。教师的考核内容决定着教育者要将主要精力用在哪些方面，为此应将生活教育理念作为培训的重要内容和主要方面，引导教师在教学方式和教学内容方面下下功夫，在考评时注重对大学生和高校教师教育理念、教学方式和教学内容生活化方面的考评。同时将是否关注学生的思想状况，是否选取"接地气"的教育素材，是否制订贴近学生实际的教学目标等作为考核内容，发挥学生评价的反馈作用。

2. 注重发挥学校环境的隐性育人功能

学校必须重视校园环境的育人作用，物质环境和文化环境同等重要。第一，注重校园物质环境的育人性。校园物质环境是"有形"的，学生可以看得见摸得着。除了注重校园建筑等"大型"环境的育人性，还应关注校园"小型"环境的育人性。诸如在食堂、水龙头、图书馆等张贴相关育人标语，这些看似"不起眼"的标语，对学生思想的影响却是无声的；图书馆是学生学习的"主阵地"，教学楼是传授知识的主要场所，可以在图书馆和教学楼等主要场所摆设一些雕塑、名人画像等具有文化底蕴的物件，将没有生命的建筑赋予"生命"和"灵性"，这样可以对学生的教育达到事半功倍的效果。除此之外，食堂、宿舍和图书馆等的工作人员"时刻"陪伴在学生的校园生活中，他们的言行或多或少地会影响到学生的思想，如果他们素质高，又能够尽心尽力做好本职工作，那么他们在潜移默化中对学生思想的影响可想而知。所以，学校对他们应做到定期培训，以提高他们的整体素质，发挥服务育人作用。

三、深化"三全育人"教育模式

(一)"三全育人"的核心内涵

中国特色社会主义现代化建设,思想政治工作是根本。尤其是信息化时代,面对多元文化生态的影响和冲击,更是突出了思想政治工作开展的重要性。习近平总书记指出,要坚持把立德树人作为中心环节,把思想政治工作贯穿教育教学全过程,实现全程育人、全方位育人,努力开创我国高等教育事业发展新局面①。基于此,中共中央、国务院在 2017 年 2 月印发的《关于加强和改进新形势下高校思想政治工作的意见》指出,要坚持全员、全过程、全方位育人。这也是"三全育人"的核心内涵所在。其中,全员育人是实现全过程、全方位育人的基础,包括高校、学生、家庭及社会各个阶层,旨在形成教育合力,并在不同维度发挥其独特功能,确保最佳工作实效;全过程育人以长期性原则为导引,强调思政教学在各个时段的渗透,并根据大学生身心发育特点,组织开展多样化的工作活动,保证供需动态平衡,促进他们健康发展;全方位育人则是空间维度上的考量,要充分运用各类思政教学载体,将之渗透到学生学习、生活中,并依托多样化的活动组织,如文化建设、社会实践等等,形成育人长效机制。综合来讲,"三全育人"模式的提出与建构,为高校思政教学改革指明了方向,其作为党领导的重要战略决策,不单单是高校思政教学方法的创新,更是理念层面的再发展,对充分发挥其"立德树人"作用有着非凡的价值意义,有助于进一步提升其工作质量。

因此,"三全育人"视域下的高校思政教学改革势在必行,是坚持党的全面领导的重要体现。

(二)坚定"三全育人"教育理念

大数据时代下,坚持全员、全方位、全过程育人的理念在于遵循思想政治工作协同育人规律,打破传统的基于高校教师与学生之间的孤立的单

---

① 习近平总书记在全国高校思想政治工作会议的讲话. 2016 年 12 月.

维教育链条，形成由政府、高校、家庭、社会等多个主体共同建构的，形式上各自独立，但在机制上又相关联、交互的育人场域，利用育人场域内多个成员主体、多种育人资源、多重育人空间的能动性作用协同运转、相互配合，形成思想政治工作合力。首先，坚持全员育人理念。校内教职工、家庭成员、政府官员、社会组织都有大学生成长、成才引路人的责任，是全员育人系统的子要素。"全员育人"理念视阈下，要以系统思维和整体视角考查高校思想政治工作，把政府、高校、家庭、校友、企业、社会组织等一个个独立的集群看作是子系统，子系统之间依托大网络、数据流、连接键，连同周围的空间、时间、介体、信息，共同构成开放、包容、联动的思想政治工作有机体，营造校家、校政、校企、校社等互联共通"大政工"实践格局，要素之间基于交叉、互动、共话、协同、合作关系，实现组合优化和效果集成。其次，坚持全程育人理念。"全程育人"理念视阈下，思想政治工作基于大学生成长这一主要线索，在时间上保持一个长期的持续过程，其工作主体根据大学生在不同成长阶段的学习需求、思想特点、社会心理，采取不同的工作方案，将思想政治工作贯穿大学生成长的每一个阶段和过程。高校要抓准大学生从进校到毕业、从在校到假期、从上课到周末等的时间转接节点，利用大数据全天候、全时段追踪大学生思想行为变化，采取课上与日常、显性与隐性、正式与非正式教育有机结合的实践育人方案，强化大学生政治、思想、品德素质的全方面培育。最后，坚持全方位育人理念。"全方位育人"理念视阈下，高校要以空间中存在的一切工具、形式、方法、手段为中间载体，赋予各个中间载体以关联关系，将思想政治工作融入大学生校园生活的方方面面。高校要借助线上网络新媒体、三微一端、App 平台、微课慕课、大数据云计算中心等信息网络，全方位为大学生提供服务。包括自动化测评大学生综合素质、公正评比奖学金、精准对接贫困生资助帮扶、大力宣传网络文化精品、建设网络心理辅导室、加强学风校风宣传、加快学生组织信息化建设与管理、建设大学生征信体制等，同时利用线下课堂、校规班规、红色展馆、家风文化、社会热点等资源协同，形成多渠道、多维度、多层次"全方位"育人格局。

（三）"互联网"连接一切与"三全育人"

"互联网+"的核心就是连接一切。一根网线、一个平台、一块屏幕、一个App、一场直播、一次视讯,可以将远在千里万里的人聚集到一起,共商、共建、共享、共学、共创;可以将文字、文件、图形、图片、视频、动画、动漫、电视、电影、音乐、音频等,汇集到一次直播、一场视讯会议;可以用不同的直播平台混合育人,如超星学习通App+钉钉直播等,实现签到、投票、选人、抢答、提交作业、观看视频、连麦互动等线上线下混合教学,这就是"互联网+"连接一切的魅力。

连接一切不仅是"互联网+"的手段,更是"互联网+"的目标。它试图通过"连接一切"来达到"连接一切"。当然前面的连接一切指的是人、信息和资源,后面的连接一切指的是经济、政治、文化、教育、科技等。对于"互联网+"高校思想政治教育来说,就是要通过汇聚所有教师力量、运用全部教育元素、调动一切育人资源,实现"全员、全时空、全方位"立德树人的目标。

(四) 构建家庭、社会、学校联动育人体系

1. 加强家校联系,开展良好的家校互动活动

家庭的影响对大学生的主流意识形态发挥一定的作用。家庭教育作为兼具双重属性的一种行为实践,既具有尊重人的天性成长的自然属性,也有引导人的行为符合角色规范的社会属性。家庭成员之间具有特殊的、独有的黏合方式和情感联系,能够基于亲情感化、言传身教、心灵沟通、生活互动、角色配合等方式,强化大学生的家风家训、亲情观念、敬老爱小、邻里关系、人生挫折、人格、性格、习惯教育。

如今高等教育的普及及教育的公平发展,使在同一所高校同一间教室就读的大学生来自不同地区、不同家庭环境。有的学生的家庭比较注重对子女的意识形态教育,其父母本身对主流意识形态就很认同,这样的家庭氛围影响下的大学生,一般不会出现意识形态认同危机。比如2018年7月中旬,天津科技大学校长收到了一封来自甘肃省清水县边远山区42所中小学校长联名发来的感谢信,主要是感谢该校周钰城同学18年来坚持扶贫助学奉献爱心的感人事迹。探寻周钰城18年的支教历程,我们发现,周钰城的爷爷周振明对他影响很大。周爷爷是正县级退休干部,曾经从事甘肃清水地区对口帮扶工作,周钰城从小就听爷爷讲述老一代人艰苦创业的经历。在爷爷的影响下,周钰城坚持了十几年爱心支教的道路,新华网、北

方网、今晚报都曾报道过他的爱心事迹。然而，也有些大学生的家庭成员本身就被一些负面的东西影响，家长由于其个体人生经历或者是一些主观偏见，缺乏对主流意识形态的认同，也会阻碍其子女的主流意识形态的形成。而这与大学生的思想政治教育工作效果成正相关关系。

（1）开展家校共育

家庭作为大学生生活和实践的重要场所，其成员对思想政治教育课程的态度影响着大学生对此课程的认知。良好的家庭认同氛围的构建，可以以润物细无声的隐性教育方式引导着大学生对此课程认同。

奥地利著名的人本主义心理学家阿尔费雷德·阿德勒（Alfred Adler）认为，幸福的人用童年治愈一生，不幸的人用一生治愈童年。学生在进入学校接受教育之前，家庭教育已经在他们身上留下了深深的烙印，这些烙印也许有利于学生的道德发展、人格完善，也许则不利于学生的成长。而这些家庭教育的信息需要思想政治课教师与学生家庭进行深入的沟通交流，才能更加全面地掌握。因此，思想政治课教师可以通过实地家访、电话沟通、开家长会等形式与学生家长进行信息交换，制订更完善的学生德育计划，促进学生的健康发展。

家庭教育对子女具有得天独厚的亲和力和深远持久的影响力。因此，家长要注重家庭教育环境的构建，以此为子女的健康成长创造良好的家庭环境。具体可以从以下三个方面来努力：其一，家长对高校思政课程的态度是子女正确定位此课程地位的重要参考因素，因此，家长要改变传统观念中思想政治课程是"副科"、学不学无所谓的错误观念，树立正确的成才观，正确认识和定位此课程在子女德育培养和能力提升中的重要作用；其二，大学生对事物和行为的辨析能力还有待提升，非常容易把家长的言行作为他们模仿的对象，因此，家长要严格要求自己，以身作则，给子女的道德培养做好道德示范。其三，建立家长、学校、教师沟通机制，及时掌握和熟知子女的思想状况和行为表现，一旦发现问题，要通过双方共同努力，及时帮助子女纠正错误观念和行为，保证子女沿着正确的路径前行和成长，同时也能通过这种方式让子女进一步感受到家长对此课程的重视，提高他们的学习动力。

（2）完善学生家长的监督权力

协同育人一定要实现权力的监督、监管，保障权力不滥用协同育人系统中，学校党委、职能部门、教师个体都拥有一定的权力，他们是否参与协同育人，协同积极性如何，协同工作参与度如何，协同效果如何，这些都需要有人监督约束。因此，完善的协同结构应具备监督、监管的功能，借助学生、家长等外部力量，无形中给权力拥有者压力，促使他们主动参与协同育人工作，让权力在正常范围内使用，更加透明，更加公正。

2. 拓展社会实践，开展和谐的社会互动活动

（1）拓展社会实践

无论是价值观念、必备品格还是关键能力，都将在社会实践中得到检验并不断发展完善。比如，厚植爱国情怀是思想政治课的重要功能，大学生和高校教师既可以在教室环境中开展教学活动，深化学生对祖国的情感；也可以带领学生祭拜革命烈士、参观战争博物馆等，深入了解国家曾遭受的伤痛、更真切的感受革命先烈的大无畏精神，树立为国奉献一生的志向。因此，根据教学内容需要，适当地开展社会实践活动，充分利用当地的教学资源，加强学生与社会的互动，有利于拓宽学生视野、深化学生的乡土情怀、培育学生的爱国情感。

在社会实践中，社会风气的好坏在很大程度上对思政社会实践的效果产生影响。社会风气和社会环境的好坏影响着大学生对高校思政课程的认同，因此，整个国家、社会和各个部门要协同努力，共同为大学生养成过硬的思想政治素质和正确的价值观念提供一个良好的社会氛围。具体可以从以下三个方面来着手。

其一，净化社会不良环境。首先，针对目前社会上出现的非法经营和网络乱象等社会问题，党和政府要进一步加强廉政作风建设，完善法律法规和多途径监督机制，打击违反诚信经营、偷税漏税等犯罪行为，加强对网络的监督和管理，以赢得大学生对党和政府的信任，进而增加他们对此课程教材内容的认同。其次，针对严峻的就业形势，党和政府要在想方设法增加就业的同时，进一步贯彻落实"大众创业，万众创新"政策，鼓励有意愿的大学生进行创业，并给予他们最大限度的政策和资金支持，以缓解就业压力。最后，针对不良思想的侵蚀，党和政府要进一步加强国家意识形态安全防范意识。

其二，用人单位要注重对应聘大学生思想政治素质的考核，将他们在大学期间的思想政治素质表现情况，以及鉴定评语作为决定是否录用的重要标准，促使大学生重视此课程，增加他们学习此课程的外在动力。

其三，党和政府要加强对报刊、影视和互联网等大众传媒的管理，并充分利用大众传媒传播速度快、覆盖面积广的特点，加大对社会主义核心价值观和能体现社会正能量的人和事的宣传力度，以正面人物和先进事迹传递正能量的效果，进而形成良好的社会风气和社会德育环境。

(2) 要建设协同互助的校外队伍

通过建立校企战略合作网上协议，构建同步、智能、交互的，产、学、研三位一体的育人网络，为学生学习、实习、就业搭建大数据网络平台，共建"创客空间"、孵化园、实验室、联合培养实验班等项目，加强人才培养、科研项目、技术攻关深入联合，结合企业科普实践、技术创新、文化价值、发展历程、创业名人、行业模范，强化大学生思想价值观教育。大数据背景下校企协同育人要重视大学生分类定制培养，统筹大学生理论和实践、校内与社会、第一课堂与第二课堂多种教育资源，共享优质数据、智库、平台、技术、行业、资产，促进课堂育人与实践育人在内容、作用方式、效果等方面的反馈互补，把高校思想政治工作与行业领军人才需求进行精准化的前端对接，让理论与实践在校企合作中"打结"，全方位培养大学生思维创新、实践技能、专业素养、学科兴趣、团队精神、社交方法、求职技能、职业规划意识、应变能力等。最后，构建学校政府协同育人队伍。政府对高校思想政治工作既有"管""引"的责任，又有参与、协助、配合的义务。在全球智能、创新、颠覆、互联、开放的大数据浪潮下，政府应当加快健全数据开放、共享、安全标准体系，建立政务数据与高校思想政治工作的多联结通道，将黏性强、契合度高、价值大的数据向高校开放，加速有效数据在思想政治工作中的传播、转换。同时教师和政府人员要通过政策协商、决策分享、监督联动、评价共识、方案共建、责任同担、对象共教建立工作契合点，为大学生提供基层挂职、顶岗实习、支教扶贫的专业化、精准化对接服务，既要发挥好政府对高校思想政治工作的引导、管理、监督、调控、激励作用，又要运用政务工作的专业性、严谨性、服务性育人育心。

(3) 构建社会实践与创新创业相融合的实践体系

社会实践和创新创业同为大学生融入社会、认识现实、培养社会责任感、创新思维、发现新知的重要途径，是马克思主义认识论在当代大学生身上的鲜活体现。大数据时代促进了高校思想政治工作实践育人的转型与适应，因此，要发挥数据"催化"作用，加快社会实践与创新创业在目标、思维、过程方面的融合，使二者从内在机理到外在形式形成"默契"，建立体验式、感受性、综合性实践育人体系，让大学生在"学"和"用"的统一中成长、成才。高校组织大学生参与社会实践活动在于通过"知"与"行"的转换和迁移，把理论思考转换为行动自觉，在身体力行中提升理论认知，将其深化为自身的价值标准和道德准则。而高校鼓励大学生创新创业旨在发挥大学生自身在创新创业项目中的创造力、自主性、事业心，强化大学生敢于创新、积极进取、自力更生、终身学习的观念意识和能力。从本质上看，社会实践和创新创业其目标的共同性在于，实现大学生理论解释实践与实践升华理论的双向驱动，促进知行统一。大数据视阈下高校思想政治工作协同育人要深刻认识社会实践与创新创业育人目标的共生性联系，立足于大数据时代高校实践育人的基本要求，在社会实践目标中融入大学生创新意识、知识、能力、人格培养要素，注重实践教育与大数据、云计算、5G、人工智能等新科技生态协同。同时视大学生创新创业为社会性和科学性实践活动，将拓宽专业知识范围、提升认识与服务社会的能力、强化社会责任感等培养内容融入创新创业育人的目标体系。随着大数据在高校思想政治工作中嵌入加深，高校应当进一步促进社会实践与创新创业在思维上的融合。例如引导学生实践部、校共青团委、就业部门、学生社团、创业指导中心的负责教师主动将大学生社会实践与创新创业看作实践育人的一体两面，有意识强化社会实践与创新创业在主体、内容、信息、资源、活动、平台、评价等方面的协同，依托大数据、新媒体、互联网创新实践育人协同服务形式。高校要有意识培养大学生跨界学习的思维意识，要在社会实践与创新创业的统一中增长才干、服务社会，更要向探索精神、大胆革新、敢于批判、追求创新等人格特质的养成迁移。社会实践与创新创业作为时间意义上的可持续性活动，促进两者的融合至关重要。在活动过程中，高校要与企业达成合作关系，坚持生产活动、志愿服务、基层锻炼、调查实验与创业发展、科技发明相结合，设立社会实践与创业联合基地、研修基地、众创空间、示范项目、前沿工程等。教师应基于大数据模型进行分析和情况预判，编制社会实践与创新创业计划和操作规程，分类定制融社会服务与创新创业双向指标为一体的学习任务、管理体系、考核体系，强化大数据在实时考核、大学生实践成绩测评和创新表现中的应用，并开展个性指导，从数据应用中提升实践育人创造力和创新力。

(4) 以"中国梦"思想为依托，展开实践教学

①培养学生用"中国梦"的思想、方法发现问题、思考问题

将社会作为思政教育资源的来源，重视社会调查活动，使广大大学生能够在深层次的社会调研当中了解国家变化，使高校学生能够自觉运用"中国梦"的思想观点深入剖析、发现及解决问题，坚定"四个自信"，同时也让人生理想和信念更加坚定执着。

高校在智力及人才等方面具备天然优势，要切实发挥这样的优势，激励高校学生主动投入社会调查实践当中。为了保证社会调查活动的实践效果，必须不断提升企业实效性与科学性，特别注意在这一过程当中要设计国家在经济、社会、生活、科技、文化等方面获得的发展成果等方面的主题，使广大学生能够认识到改革开放推动了国家与社会的巨变，更让学生坚信中国特色社会主义道路符合中国国情，是科学性的发展道路，因而要坚定"四个自信"，提升对"中国梦"的认同感，并主动积极地投入"中国梦"的实现过程中。同时做好"中国梦"实践教学的前期准备工作，尤其是加强对高校当地的人文教学资源的收集、利用。通过当地的人文资源，提升高校思想政治实践教学效果。例如，合理使用高校当地的博物馆、红色文化（革命根据地、纪念馆）等人文资源，并将这些人文资源作为实践教学载体融入高校思想政治教学之中，在当地人文资源的教学环境下，"中国梦"不再是遥不可及的"梦"，而是切实存在、触手可及。除此之外，为了保障高校"中国梦"思想实践教学的开展，高校还应当加强对实践教育基地的建设，以此为社会调查的有序开展创造有利条件。大学生在社会调查过程中，不仅参与了社会实践活动，而且学生的应变能力和为人处世能力都会得到不同程度的提升。

②突出大学生个性特点和现实需求

高校要重视社会实践，与此同时，使其和专业学习彼此渗透及有效整合，助力学生综合素质提升。学校教育需要将理论知识传递给学生，有效扎实学生的理论学习基础，而要让学生获得丰富的理论知识，并在这一过程当中发现新知识，都必须依靠实践。而这也是促进学生综合素质提升不

可或缺的条件。通过对古今中外教育家的教育理论和实践行动进行分析，能够发现他们拥有一个共性，那就是都重视实践，并注重发挥其教育功能。早在2000年前，我国伟大的教育家孔子就对学生提出了要求，要求他们增长见闻，于是他带领学生周游列国，让他们能够在游学的过程当中丰富生活体验，提高处理各项事务的能力，以便实现知行合一及学以致用。伴随着时间的推移，人们对实践教育产生了很多的新认知，也进一步确定了实践教育的突出价值。将课堂上学习到的理论应用到实践当中，并成为学生参与社会实践的理论指导，成为当代教育不可或缺的组成要素。这样的教育方法能够增加学生与外界的联系，完善学生的个人品格，与此同时还能够提高学生的自主能力和集体观念，让他们对社会道德、经济价值等概念的认识更加深刻，也让他们能够在接触劳动者和深入社会实践的过程当中产生尊重劳动者的正确思想。实践教育能够促进学术科研和思政教育的高度整合，成为二者的结合点，而这也要求高校能够将课内外联系成一个整体，充分利用好两个课堂，让学生在实践当中进一步萌发和强化热爱专业的观念，不断充实自身的专业理论知识及实践技能，明确自身作为建设者和接班人要承担的社会职责，为"中国梦"的实现做出积极贡献。

3. 优化学校教学，开展高效的思政育人活动

（1）加强高校对思政教学的重视程度

国家和高校对高校思政课程的实际重视程度，直接决定着此课程的建设进度和效果。

①加大对思政教师队伍的培养力度其一，国家目前虽然已实行了此课程建设情况的抽检和评估制度等，但正在实施的监督制度满足不了对各高校此课程建设的真实情况进行全面了解的需要，国家及相关部门应该进一步拓宽监督渠道，丰富监督途径，如将听取正面汇报与随机核查、明查和暗访、事先通知听课与随机听课相结合等。多途径、多方面的监督有利于全面、真实地掌握高校思政课程的真实建设情况。其二，加强高校思政教师队伍的建设，尤其是师范类高校和此学科的硕士生和博士生的培养，为满足高校对专职教师的需求提供保障。其三，国家或地方相关部门要充分发挥自身在协调各高校共享此课程教育资源方面的独特作用，使此课程的教育资源作用最大化。针对此问题，国家或地方相关部门要积极探索教育资源共享模式，并做好监督工作。在这方面，作者认为可以借鉴北京市的

做法：开设市级高校思政课程——"名家领读经典"，这样既可以充分发挥理论学家的号召力和吸引力，使教育资源作用最大化，也可以激发大学生学习"经典"的自觉性，进而有利于提升大学生学习此课程的积极性。

②加强高校对思政课程的重视程度国家原教育部部长袁贵仁在2015年12月份召开的全国思政课建设工作会议上，强调了思政课程的重要性，但部分高校仍然只是在大方向上按照相关要求来建设此课程，未能把许多细节性的问题真正落实到位。鉴于此，高校应该从以下几个方面来落实细节性的问题：其一，招聘满足教学需求的教师数量，严把质量关，改变现有的"大班教学"模式，实行"中小班教学"模式；其二，加大投资，配备足量的现代化多媒体教学设备，同时加强对教师进行现代教育技术培训，确保每位此课程教师都能熟练操作现代化教学设备；其三，纠正相关部门及领导对高校思政课程价值的错误认识，合理安排上课时间。上课时间安排要尽量符合学生学习能力的变化规律，尽量安排在学习效果较好的上午进行，以进一步提升此课程的教学效果；其四，高校及领导要准确定位和认识实践教学的地位和作用，把实践教学真正纳入正常的授课过程。实践教学是一种涉及学校多个部门的教学方法，需要各部门给予支持和密切配合，因此，高校及领导要督促教务处、财务处、后勤处和保卫处等相关部门积极配合实践教学，并提供足够的经费支持。此外，要积极创建校内外实践场所和基地。充分运用学校的资源，创建校内实践活动场所，如建立模拟法庭，方便大学生进行模拟庭审等；要加强与社会相关单位的合作，建立大学生校外实践基地，选择实践基地时要综合考虑单位性质、工作人员素质等因素，以免对实践效果产生负面影响。

（2）建设和发展校园文化

①高校校园文化的作用

A. 能够塑造学校的良好形象

对于一所学校的形象展现，学校外的公众，不仅会通过对学校的表面观察，还会去感知这所学校的内在精神和文化，以此确立这所学校在公众心里的形象。因此，校园文化作为学校的内在精神和文化的集合，其中的一些优秀人物形象及一些标志性建筑，都对公众乃至全体社会发挥着很强的示范作用。例如，教师和一些名人，以及散落在校园内的各种书画、水墨画，特别是历史名人雕塑、碑亭等文化景观。和谐的大学校园文化可以塑造学校的良好形象，提高学校的声誉和知名度，从内到外最大化学校的形象。

B. 能够对学生起到教育和导向作用

我国对高校校园文化的基本要求是必须要体现健康向上、生动活泼的内容。这是因为，健康向上、生动活泼的校园文化能够使全体大学生和高校教师员工的思想觉悟和认知能力有所提高，进而塑造和培养其美好的心灵。现如今，由于每个人身处的工作环境、家庭环境和社会环境不同，这就会对他们的人生观、价值观及世界观造成不同程度的差距。再加上如今全球化趋势，市场经济的冲击，信息时代到来，给全体社会成员带来了形形色色的信息的同时，也使其受到了一些低俗文化思想的负面作用，随之也出现了一些不良现象。因此，这些都需要发挥校园文化价值取向的导向作用对其进行引领，引导他们的思想行为，从而使其树立正确的人生观、价值观、世界观，这强烈地体现了校园文化价值取向的导向功能。

C. 能够不断提升高校本身的文化品位

校园文化品位主要会在学校的办学理念、学习氛围、学术水平、管理氛围、校风等方面体现出来。学生在校园里最便于体验的就是学校的文化品位，学校所展现出来的文化品位越高，就说明学校的水平越高。并且，文化品位会构成一种无形且强大的力量，在学校的方方面面渗透开来，潜移默化中影响着全体成员的文化品位，对其产生一种其他专业课程无法比拟的深刻的影响。因此，建设完善的校园文化，可以使学校的文化品位得到不断的提高。

②营造民主氛围

在校园文化中营造民主氛围，就是要让高校重大决策的透明度、公开性大大增加，对于大学生和高校教师参与重大决策的讨论应当广泛征集或采纳，使大学生和高校教师的声音和意愿，能更好地在高校的重大决策中得以真实准确地反映；还可以在学校领导与大学生和高校教师间建立畅通的联系渠道，例如实行校长网上接待日，设置大学生和高校教师监督岗、长期设立意见箱等，通过这些措施可以充分交流意见，进一步激发大学生和高校教师的精神动力、主人意识与归属感。

同时，要按照民主的原则来组织具体的校园文化活动和社团活动，处理问题、解决事情也要通过民主程序，使学生的民主观念得到训练和培养。民主氛围的营造，是大学生和高校教师在建设和发展校园文化中积极参与的基本条件，也是建设和发展校园文化使其平稳推进的重要保证。因此，大力营造浓厚的民主氛围是必要的，大学生和高校教师精神世界的丰富也需要以此为依托。在建设和发展校园文化中要充分发挥大学生和高校教师的作用，鼓励学有专长的教师以导师身份参与到校园文化活动中来，帮助学生编排健康有益的文化体育活动，善于将传统节日、重大事件等元素融于其中，经常给予学生指导或建议，不断提高校园文化活动品质。与此同时，要增加这些活动对学生的吸引力和感染力，使越来越多的大学生愿意加入到校园文化活动队伍里，这不仅可以让学生从中得到锻炼，还可以让学生的精神世界不再空虚，以此提升建设和发展校园文化的水平。

③建立健全校园文化设施

校园文化设施先进且齐全，校园文化环境优美且恬雅，为校园文化活动井然有序地开展创造了便利的物质条件，也标志着整个学校文化建设与发展的水平。因此，校园文化设施的建立健全和校园文化环境的构筑，是建设校园文化过程中不能遗漏的重要组成部分。高校要科学规划、加大有关方面的资金投入力度，使各类文化设施不断完善，如图书馆、校史馆、电教馆、实验室、音乐厅、学术报告厅、体育馆、计算机中心、博物馆等，利用这些场所来开展具有不同意义又多姿多彩的校园文化活动，可以对大学生的精神文化生活需要加以满足，进而丰富他们的精神世界。

同时，还应对校园进行合理布局，在绿化美化校园中形成自己独特的文化向心力，使大学生在一个共有的文化精神之上学习生活。可以从对学生情操的陶冶和综合素质的提高视角出发，并结合高校自身发展的历史变迁情况，搞好校园景观建筑、建设好园林绿化、装饰好教学楼等，让整个校园散发出迷人芳香、充满青春活力、愉悦身心成长，成为一个既美观舒适又和谐宁静的校园生活圣地。用这种物态无言的方式感染和影响着每名学生，从而达到无声胜有声的育人目的。

④加强校园网络文化建设

A. 引导学生正确利用网络文化

所谓的引导就是启发诱导，是指教育者运用"提出问题——分析问题——展开讨论——统一思想"的思路，引导受教育者积极运用头脑进行思考，并通过思想碰撞和比较分析使受教育者学会透过表面现象探究事物内在的、必然的联系；通过对事件正反两方面的解析使教育对象学会用全面的观点来看问题，能够在面对诱惑时保持谨慎，面对挫折时勇往直前；通过开导受教育者改变原来狭隘短浅的认识，学会在看待问题的时候使用全面的、发展的、联系的观点，来开启受教育者的视野、拓展其思维；通过用已知的事实作为依据，使受教育者认识到不良思想导致的严重后果，以达到放弃原有的错误想法、从而走向正确思想轨道的目的。

众所周知，大学生的可塑性是非常强的，当某一新事物出现时，他们接受或排斥都能以最快的速度做出选择，而且以超强的驾驭能力去适应它。在当代校园里，大学生通过MSN、qq、微信等网络通信平台进行相互沟通，发表一些对时事和热点的个人观点。又通过网易、腾讯资讯等了解当下所发生的时事要闻，随时关注学校和社会的发展动态。由此可以看出，网络资源的丰富和获取信息的便捷，确实推动了社会的进步和高校校园文化的建设，但是它所带来的不良文化也侵蚀了大部分大学生的身心。因此，高校专门设置网络课程，并设置成必修课，教育引导学生正确利用网络文化。利用网络文化培养大学生的自立和创新精神，帮助他们正确了解、客观分析他们所处时代的环境和背景。大学生也通过网络上及时而丰富的信息资源，开阔视野，提高参与社会事务的能力。

B. 培养校园网络文化建设的管理人员

在网络迅速发展的社会背景下，培养一支具备较高政治理论素养且精通高校思想政治理论课传授工作、网络技术的校园网络文化管理人员，是利用网络开展教育的保证。网络文化管理人员需要积极参与理论学习、实践锻炼，从而使自身具备较强的信息分辨意识、高超的信息处理能力、高尚的信息伦理道德，要增强自身的信息素质，使自身符合校园网络文化建设管理人员的要求。

C. 以马克思主义为指导进行网络文化建设

校园网络文化建设应坚持以马克思主义科学理论为指导，坚持正确的价值引导。在网络工作中要坚持教育和引导的正确性，积极宣传党的正确方针政策，在国内外大事描述和评论上、对社会思潮的辨识和批判上，坚持道德底线、法律底线、政治底线，并致力于弘扬优秀的民族文化，使学生在这一系列的高校思想政治理论课教学活动中，进一步树立民族认同感和自豪感，提高自身的思想素质，提高接受效果。

D. 搭建高校思想政治理论课教学网络文化体系

加强网络服务于教学活动的功能，必须做到以校园网页为主体，各部门的特色网页为基础，构建全方位、立体化的网络文化体系。通过"新闻专题""时事政治""红歌点播""主题活动""名家点评"等栏目，建立积极向上的校园网络文化氛围，增进学生对校园网络文化的关注，并以此为基础及时报道高校思想政治理论课教学活动最新动态，积极引导学生参与其中，将校园网络文化与高校思想政治理论课教学活动相融合，润物细无声地进行教育活动。

E. 加强校园网络资源的管控力度

要保证校园网络资源的"纯洁"，不被杂七杂八的不良思想所"污染"。高校应设立专门的岗位对网上各种信息进行筛选、整理，重视网络体系的日常维护，从而推动网络管理体系的健全发展，同时，努力建设整体素养较高的网络管理队伍和评论员制度。而对于网络管理员的培养，要着重选拔一批熟悉新闻宣传、网络技能能手，担任网络管理的人员。这些管理员对信息的采集质量，直接关系在校成员对当下时事的变动情况的了解程度。

（3）优化校园运动休闲区的环境建设

运动休闲区是学生放松身心、缓解压力的主要场所。大学生除接受课堂教育、受教学区环境的熏陶外，大部分的时间也会处在运动休闲区环境的影响之下。运动休闲区内的建筑布局、精神氛围、教育活动等环境要素，也对学生的教育起着重要的作用。

①优化运动休闲区的空间布局

亨利·列斐伏尔（Henri Lefebvre）在《空间的生产》中向我们表达了对于空间的看法，即空间不仅仅是社会关系变化的"容器"或"平台"，它还是文化的另一种表现形式。据此，可以认为校园空间是校园文化的表现，甚至它就是文化。校园内的连廊和庄严的列柱也将是对学生教育的一部分；花园里的每块石头都能向学生传递校园精神。无论是哪种类型，都必须以整体性和连续性为原则，进行空间环境布局的改造。整体性原则就是指在设计时应该有统一的思想精神，周围所有的环境布局都应该以此为出发点进行建设，这样可以使学生更加明确学校所传递的思想精神。连续性是指思想精神在空间环境布局上的分布应该是连贯的，不能只在校园里的一个或几个地方体现思想政治教育精神内涵。教室是大学生接受思想政治教育最多、最频繁的一个场所,我们应该在其他的校园空间环境中将其连续下去:可以是温馨有爱的宿舍、使人振奋的广场;也可以是宽敞整洁的小路,清澈明亮的湖水。因此,必须要优化运动休闲区的空间环境布局,既要体现校园建筑的审美情趣,也要体现时代脉搏,更要体现校园精神,使学生无论是在课堂内还是课堂外,都能受到环境教育的熏陶。

②完善运动休闲区的"教育链"

大学生的学习任务相对高中来说有所减少,这为学生参加课外活动提供了充足的时间。完善运动休闲区的"教育链"就是指使学生通过对校园活动的深入了解和学习而形成的对该活动的进一步认识,从而形成一种情感上的认同,而不仅仅是停留在这场活动举办的表层意义上。因此,对大学生的教育要由无到有、由浅入深,使学生形成系统的、切实的思想逻辑。比如:学校举办足球比赛,大多数高校都提倡竞技体育,宣扬体育精神,但往往都忽略了足球比赛带给学生情感上和认知上的变化。作者认为,一场足球比赛的真正作用在于育人,学生通过一次活动体会到的不仅仅是竞技场上的体育精神,更多的是对体育精神的延伸,最后落实到体育活动育人的角度上,形成一个完整的教育链条,这才切实适合高校对学生的培养目标。当然,形成一个完整的教育链条需要校园活动的组织者做好活动前期和活动后期的统筹计划工作,为学生提供深化自身思想意识的机会和平台。比如组织学生进行赛后反思、邀请专家或专职教师进行专题讲座,使学生充分意识到每一场比赛背后所蕴含的意义,这样才能帮助学生树立良好的思想意识。

(4)餐饮起居区环境的优化对策

餐饮起居区是学生课后生活的主要组成部分,是学生思想政治教育的重要载体。餐饮起居区通过优化思想载体,组织文化活动,推动了大学生餐饮起居区的文化建设,并对思想政治工作的开展、学生凝聚力的提高有极大的推动作用。

①餐饮起居区设施要体现出思想载体作用

餐饮起居区环境建设投入到位,是切实加强学生思想政治工作的基础,因此,高校要高度重视餐饮起居区环境的改善。

首先,要重视自然环境建设,使楼体外部环境到内部环境都保持清洁舒适。例如，楼外的绿化美化、楼内张贴的壁画标语或名言警句等，能传递给学生不同层次思想信息的文化景观，这些都能营造良好的思想氛围，发人深思，助人自律。

其次，要重视硬件基础设施建设，使学生学习、生活更加便利和舒适，提高学生的幸福指数。例如，改善室内家具设备，并提供洗衣房、医疗室、微波炉等配套设施，从实际生活中解决学生困难，给予学生便利，让学生在学校内感受到家的温暖，从情感上达到润物细无声的效果。

最后，要重视文化基础设施建设，满足学生在餐饮起居区内业余活动的需要。例如，加大学生阅览室、自习室等附属设施的投入力度，为校园文化活动向餐饮起居区延伸提供一定的物质条件。这不仅是思想政治教育的要求，也是学生自我发展和健康成长的需要。

②餐饮起居区休闲活动要陶冶学生思想情感

餐饮起居区是校园思想政治教育的重要组成部分。餐饮起居区的教育活动既要紧跟时代潮流，把握时代脉搏，又要陶冶学生思想情感，紧贴学生生活实际；既要体现学校特色，又要保证形式丰富多样，这样才能满足学生日益增长的物质文化需要和精神需要。

例如，可以在公寓楼内开展大学生公寓文化节，包括感恩教育、团结互助等一系列主题活动，既贴近学生生活实际，又能帮助学生树立正确的思想观念；可以围绕大学生关注的热点问题，举办各种讲座、演讲等，既能够让学生积极主动地学习，又能锻炼其表达能力；可以举办文艺汇演，让学生发挥所长，让他们在展现自身风采的同时也提高了自信；可以组织学生参加各种社会实践，积累社会经验，学以致用，自觉建设高层次的餐饮起居区文化。总之，餐饮起居区的活动要以学生为主体，以学生的思想情感为主线，以陶冶学生思想情感为目标，积极营造适合学生发展的思想政治教育环境

（五）"三全育人"视域下的高校思政教学改革策略

1. 全员育人

全员育人的核心是发动一切可以利用的力量，着力建构内外结合、齐抓共管的新型工作形态。在此过程中，要以高校思政教学为主阵地，注重加强与社会、家庭之间的合作，充分利用互联网平台功能优势，加强相互

沟通，整合多重优质资源，为全方位育人铺铸扎实的基础，从而尽最大努力引导学生健康发展，使之成为合格的社会主义建设者和接班人。在此过程中，高校可依托广泛的社会支持，加速产学研一体化建设，并组织开展多样化的实践活动，进一步完善思政教学课程开发，深化学生理论认知，帮助他们树立正确的人生观、世界观及价值观，培养其良好的精神、行为品质。同时，习近平总书记关于家风建设的重要论述指出，"家庭是人生的第一个课堂"①，"家风是社会风气的重要组成部分"②。正是基于家庭成员之间血浓于水，在德育方面更易于让学生接受，并在空间维度上与高校思政教学相互补充。因此，高校要注重加强与家庭教育之间的联结，实时共享学生动态信息，结合他们的个性特征，制订人本性成长方案，提高工作成效。除却上述这些，高校还需打造内部"全员育人"的思政教学生态，通过制度规范，明确每位教职工参与思政教学的职责，包括教辅员、专业教师及管理人员等，在共同的目标导引下，最大限度地发挥其工作价值，统一部署安排，携手开创高校思政教学发展新局面。对此，要大力推进课程思政建设，组织开展多样化的培训教研活动，鼓励每位教职工积极、主动参与，深入解读"三全育人"的核心内涵，充分发挥思政教育教学教师的专业优势，不断充实其学识涵养，共享有效实践工作经验，从而提升整体师资队伍水平，有效释放其为人师表的作用，使之积极影响大学生健康发展，营造良好的思政工作氛围环境。

2. 全过程育人

全过程育人以大学生思想道德水平为支撑点，强调阶段性、连贯性、发展性的思政教学。素质教育改革生态下，全过程育人要着重强调"以生为本"理念的植入，结合学生个性特征，有效组织思政教学工作，包括丰满内容、创新方法等，以迎合其主观实际需求，使之更加积极、主动地参与其中，保证相关工作效率及质量。具体而言，随着年龄的增长，不同年级大学生在心理、认知乃至生活态度等诸多方面均存在客观差异，应据此科学设定不同的思政教学主题，以保证其足够的吸引力，并不断促进学生向更高层级发展。对于大学新生而言，他们刚刚结束了紧张的高中学习生

---

① 习近平总书记在北京市八一学校考察时的讲话. 2016 年 9 月.
② 习近平总书记在会见第四届全国文明城市、文明村镇、文明单位和未成年人思想道德建设工作先进代表时的讲话. 2015 年 2 月.

活，面对大学这个相对陌生的环境，内心充满了好奇和新鲜感。这是思政教学开展的有利时机，可组织开展多样化的教育引导活动，防止其在新环境中迷失自己，有效抑制散漫、颓废等负面情绪的滋生。到了大二、大三阶段，学生的思维活性得到了进一步的释放，并且基于对未来发展的思考，他们愿意尝试一些富有更加深刻内涵的东西，因此可组织道德实践、社会实践或典型事迹宣传等活动，积极引导他们的良好品德素养的发展，坚定其理想信念追求，使之为之付出不懈努力。到了毕业季，高校学生面临着的压力接踵而至，包括学业压力、就业压力等，是最易产生消极心理的阶段。对此，高校要深入分析学生切身需求，不断拓展和丰富思政教学课程项目，加强心理辅导和就业教育的渗透，帮助他们做好职业发展规划，紧密关注行业最新发展动态，坚定其信心。同时可组织校友会等活动，引导其更好地迎接未来挑战，从而为社会主义现代化做贡献，同步实现自身职业价值、人生价值等追求。在上述各环节思政教学中，要始终遵循以人为本的基本原则理念，注重引导方式创新，以激发其参与的热情。

3. 全方位育人

随着我国社会主义现代化建设逐步深化，高校思政教学内涵愈加丰富。作为一项庞杂的系统化工程，全方位育人势在必行，其体现在不同领域、层次，从整体上提升了大学生思想道德水平。思政教学开展，要紧跟时代潮流，充分发挥文化、实践、网络的载体功能，建构大统一格局。"校园文化具有重要的育人功能，要建设体现社会主义特点、时代特征和学校特色的校园文化"[①]。因此，加强校园文化建设，是高校进一步发展思政教学的有效路径，客观上讲，其绝非物质环境改善那般简单，而是更加强调精神情感的渲染。

在此过程中，高校要注重对红色文化的传承与发展，充分运用自身所处地域优势，组织多样化的文体实践活动，如慰问革命先辈、敬老院会演等，在丰富学生课余生活之余，增强他们的爱国主义情怀，并在一个个鲜活的案例引导下，锻炼良好的精神品质。同时，高校思政教学应强调理论实践一体化建设，同步提升学生的认知水平和实践能力，这也是素质教育全面发展的核心内涵所在。对此，要科学处理好第一课堂和第二课堂之间

---

① 中共中央，国务院. 关于进一步加强和改进大学生思想政治教育的意见. 2004 年 10 月

的有机关联，根据学生发展规律，开展具有意义的活动形式，依托广泛的社会支持，以学生社团组织为单位，起到润物无声的作用。另外，在信息化时代，互联网科技的发展与应用改变了人们的生产生活方式，在其高度开放、自由的虚拟空间形态下，多重文化汇集，在一定程度上对大学生思想道德追求产生了冲击，给高校思政教学带来了挑战。因此，高校思政教学改革必须重视抢占网络新高地，以图文并茂的方式强化大学生思想道德认知的同时，强化意识引导，学会自觉抵制不良文化渲染，使其健康发展。

第三节　新时期高校思政理论课教学方法的改革

一、完善疏导教育法

（一）疏导教育法的基本内涵

疏通壅塞的水道，使水流畅通，是疏导一词的释义。疏导教育法是由"疏"（疏通）和"导"（主要是引导）两个步骤构成的。通俗来讲，高校思想政治理论课教学中的疏导教育法，主要指的是广开言路、集思广益，让大学生畅所欲言，并发表自己的观点，同时教师在课堂上通过够过引导的方式，使学生摒弃错误的思想观点，进而树立正确的思想意识。

通过以上概念的归纳我们可以看出，要准确把握疏导教育法的基本内涵要从如下层面入手：一是重视"疏"的作用，疏导教育法是建立在教育双方地位平等、互相交流的基础之上的，即充分发挥了受教育者的自觉主动性，让受教育者讲出心中所想，教育者再根据受教育者的具体问题进行引导，是一种教育者与受教育者思想、情感互相交流的方法；二是要重视"导"的作用，在教育过程中教育者要发挥主导作用，对受教育者所表达的正确思想观念予以肯定，对其不当和错误的言行进行说服教育；三是应当本着"惩前毖后、治病救人"的原则进行，所以在运用的过程中主要是采取说理教育、真情感化、批评教育和循循善诱等方法进行。由此可见，

111

疏导教育法是由相互联系、相互依存的"疏"和"导"两个方面构成的。没有疏通环节的畅所欲言、广开言路，引导就无法顺利开展；没有引导环节的利导引导、说服教育，疏通也就失去了意义和价值。

(二) 疏导教育法的主要方式

疏导教育法是由"疏"和"导"两个方面构成的方法体系，从"疏"的角度来讲，有集体表达和个别谈话两类方式。集体表达是指针对群体性的问题让一定数量或特定组织的群众共同发表观点看法，主要有民主讨论等形式；个别谈话是指针对某个人的问题让个人充分表达自己的思想和意见，主要有书信表述、个别谈话等形式。从"导"的角度来讲，以"导"的不同形式为依据能够把疏导教育法分为以下三个方面。

1. 分导

分导主要包括分散而导、分步而导和分头而导三种形式。其中分散而导主要是通过逐个分散引导的方式，对群体中每个成员在思想上存在的问题加以解决，以切断群体内的不良思想串联蔓延的方式，从而将复杂的群体问题化整为零、逐个击破，最终解决群体问题的方法；而分步而导是针对个体思想问题而言的，导致个人错误行为的思想是多方面的，教育者要分清主次、分清轻重缓急，要抓住主要矛盾的主要方面，充分挖掘受教育者问题产生的根源，按照一定的顺序有步骤地进行解决；分头而导是指教育者集中各种人力物力，对集中而严重的思想问题进行全方位引导的方法，要整合各种教育资源、利用有利环境对受教育者进行帮助教育，以化解受教者的情绪，解决思想问题。

2. 利导

所谓的利导也就是因势而导，是指教育者要善于抓住有利的时机和环境，通过及时的、生动的教育使受教育者真正理解并接受正确、积极的思想。有利的时机可以是正在发生的大事，如建国周年时，可以组织学生集体收看阅兵式，让青年学生通过对我国强大的军队和国防力量的直观了解，感受到祖国的强大，深刻体会中华人民共和国成立以来，党带领全国各族人民进行社会主义现代化建设的伟大成就，从而使学生自觉产生爱党爱国的热情，达到教育的目的；教育者也可以抓住某些重大的事件和节日组织开展相关教育活动，如在3月的学雷锋活动月开展的各类志愿服务活动，组织青年学生通过志愿服务，深刻体会到奉献社会、助人为乐的价值，从而引导青年学生积极践行雷锋精神，内化为自身的品德、外化为良好的行为，推动教育对象"知、情、信、意、行"的转化，最终形成良好的思想品德。

3. 引导

引导主要经历四个环节："提出问题——分析问题——展开讨论——统一思想"，由此可以看出，引导主要是教育者引导受教育者积极运用头脑进行思考，并通过思想碰撞和比较分析来探索事物的本质。此外，通过对事件正反两方面的解析使教育对象在面对诱惑时保持谨慎，面对挫折时勇往直前；通过开导受教育者，改变其原来狭隘短浅的认识，学会在看待问题的时候使用全面的、发展的、联系的观点，来开启受教育者的视野、拓展其思维；通过用已知的事实作为依据，使受教育者认识到不良思想导致的严重后果，以达到放弃原有的错误想法、从而走向正确思想轨道的目的。

（三）发展疏导教育法的措施

1. 创新疏导教育法的方式和载体

教育者需要对自己在实践中形成的疏导教育方式进行及时的总结，提高对疏导教育的理解，有效地运用疏导教育法。教育者可以加强疏导教育知识和心理学知识的结合，了解高校学生的心理特点，从而跟学生进行更加有效的交流。教育者可以用马克思主义理论培养学生，让其具有高尚的思想道德情操、积极乐观的态度、革命探索的精神。教育者可以加强网络技术的运用，从而扩大疏导教育的应用平台，拓宽疏导教育的应用范围。

随着社会经济的发展，传统的书信、面谈在教育中发挥的作用越来越受到限制，学生也不愿意接触。因此，教育者应该在疏导教育法中加强对于新科技的应用，包括建立网站、开通教师问答专线、手机短信温馨提醒等新科技手段。

2. 创造良好的人力、物力条件

疏导教育法的顺利开展需要一定的物质基础，学校要为疏导教育法的开展提供良好的场所、给思想政治教育课程提供合理的课程安排，为思想政治教育课提供技术和设备。首先,学校需要为疏导教育法的运用提供固定的场所和固定的时间,方便师生间的交流与融合,但对于一些突发的、矛盾尖锐的、亟待解决的问题也能够灵活地处理。其次,学校需要为疏导教育法的运用安排相应的课程。每一个方法都有自己的理论知识,有自己的专门概念、范畴和术语,因此在操作之前需要对理论进行学习,了解疏导教育法的概念、表现方式、形成原因等。在对基本的疏导教育法有了了解后,教育者应更加深入地研究疏导教育理论,组成课题小组,在理论成功的前提下,加以实践,从而推进疏导教育的发展。学校要为疏导教育法的运用提供技术和设备。

3. 营造民主的制度氛围

随着我国教育理念的不断发展,在客观上也为教师与学生以平等的身份参与到疏导教育中提供了有利的条件。要在教师与学生之间建立平等对话的双向沟通的机制。例如,可以建立网站,教师轮班在线,当学生遇到问题的时候,不管是什么时间或者处在什么地点都能与教师进行交流;设立学院短信提醒服务,每周给学生发送温馨的贴士,关心学生的生活与学习;公开书记和校长的邮箱,让学生可以畅谈自己遇到的问题。通过机制的建立,教师可以清楚、完整地了解到学生的问题所在,把学生的错误思想拉到正轨上。平等机制的建立不仅是教师和学生的合作,更是一种信任,所以我们要激发学生的积极性,让教师与学生共同探索民主氛围营造的方法,这样也更能符合学生的心意,更容易被学生接受。最后,鼓励和支持学生有组织、合理地表达诉求。

二、引导大学生正确规范使用移动互联网

大学生作为使用智能手机较为普遍的群体,其移动媒体的使用素养更应该值得关注。

首先,要对大学生进行法制观念的普及教育管理。在现行的法律法规中,针对网络使用的法律并不在少数,但是移动互联网作为新生事物,针对其的法律法规不足,在使用过程中法律界限较为模糊。而高校应该就空白部分进行填补,对大学生进行规范使用教育管理,让大学生有明晰的使用界限意识。除了开展有效的课堂教育外,还可充分运用移动设备,线上

开展网络使用知识竞赛、智能答题、问卷小调查的形式,了解学生法律道德现状,促进学生懂法、守法、用法思想的形成,做到自觉规范使用移动互联网。其次,要加强大学生网络道德教育管理,时代进步的同时公民素质也得到大幅提升,道德成为约束公民行为的标准之一。而对于大学生而言,除了日常生活中遵守道德准则外,在网络环境下也应遵守网络道德,移动互联网下遵循自由使用原则,在不触碰法律底线的前提下,使用网络主要依靠道德约束。高校要积极发现大学生在使用移动网络的过程中暴露出的问题,并分析移动互联网不同类型的信息,教育学生形成独立解决问题的能力和批判意识。

形成法律和道德意识之后,还要注重规范大学生移动网络信息传播的行为。移动智能手机区别于传统信息传播工具,具有便携性、及时性的特点,因此对大学生的教育管理必不可少,在教育中可充分运用移动互联网,了解在信息发布中哪些可以为而哪些不可为。在移动互联网中,也可搭载不同形式,对学生媒介素养进行教育。高校要从不同方面对学生的移动媒体素养进行管理教育,对于规范移动互联网使用有深远意义。

三、运用互联网辅助教学工具,开展趣味性教学

高校主流意识形态教育,作为最直接的传播主流意识形态的窗口,在面向大学生时,也应及时更新模式,做到与时俱进。当代大学生与移动互联网共同成长,价值观念、行为模式受到网络影响较大。

在移动互联网大背景下,创新主流意识形态教育课堂教学模式,打造趣味课堂,可以激发学生对于理论课的兴趣,进而让大学生自觉接受我国的主流意识形态。教师可以充分利用移动智能手机的特性,调动课堂气氛,吸引学生注意,增加课堂趣味性。开课前的智能手机点名签到已在多个课堂实施,通过后期效果反馈可以发现,学生对于这样新颖的点名方式是认可的。同时,使用移动智能手机进行点名,以实时打卡的形式,增加了学生的到课率。在课中,除了使用投影仪外,课堂也可以加入使用移动智能手机,可以通过使用应用软件,进行课堂提问,检验课堂教学成果等。在传统课堂中,教师更倾向提问靠前排或者自己相对熟悉的学生,部分学生可能会由于性格内向,被老师忽视。而移动智能手机的随机提问功

能，恰好解决了这一问题。在课堂中使用移动智能手机，还弥补了因教师的单向输出而导致的课堂气氛低迷的情况，有效提高了课堂到课率及学习的积极性，让学生在主流意识形态教育课堂中找到自己的"存在感"，充分理解课堂知识。

四、考评方式改革与创新

要想实现考评方式的改革与创新，就要转变考评理念。高校思想政治理论课程虽然包括丰富的理论知识，但其思想性与实践性特征也是非常鲜明的，尤其是在当今这样一个网络大环境之下，更要对学生的思想品质、创新能力、实践能力等进行培养与锻炼。所以，在今后的教学实践当中要逐步改变过去的考核方法，关注创新人才的培养，让教学考评从理论与知识型转化为创新型；从注重理论知识考查向注重实际应用能力方面转变；从重视教材内容考查向关注社会实践能力考查方面转变；从关注考核结果到关注学习过程转变。只有在考评理念方面进行了彻底变革，才能够为一系列考核行动提供科学化和正确的方向与思想指导，进而促进考评标准的完善化与客观化。

五、提高教学方法的亲和力

要把思政课打造成学生"真心喜欢，终身受益，毕生难忘"的课程，就需要富有亲和力的教学方法来予以支持。教师要灵活运用教学方法，坚持理论教学与实践教学相结合，通过提升教学方法的亲和力来增强教学内容的悦纳感，增进师生之间的亲近感。思政课教学方法亲和力的提升，要根据共情心理学理论，进行创新和加强。应用共情心理学，灵活地运用教学方法，让理论与实践相结合，实现教学内容与大学生认知的契合、心灵上情感的共鸣。

思政课是否能获得大学生的认同与喜爱，很大程度上取决于教师使用的教学方法。高校思政课的教学流动性大、自由度高、课时不多、教师与学生的交流十分有限，师生之间的联系少、亲近感低。教师若能灵活地将传统与现代教学方法相结合，提高教学方法的共情力，将会加强师生之间的交流，拉近师生的心灵距离，增加学生的情感认同，提高思政课的亲和力。

灵活运用教学方法。以课堂讲授为代表的传统教学方法对提高思政课的亲和力有着重要的作用。课堂讲授法，使用频率高，教学效率高，教师能很好地把控整个课堂，对讲授理论性强的教学内容有着很强的优势；而以多媒体教学为代表的现代教学方法，能更形象生动的展示教学内容，给学生带来更加直观的感受，吸引学生主动参与课堂，增加师生之间的沟通和交流。传统教学和现代教学两类教学方法在运用中不可偏废，两类教学方法应相互配合，灵活使用，注重方法使用的层次性，使思政课"活起来"，才能更好地完成思政课的教学任务。传统教学方法或现代教学方法的单一使用，都是教师应该避免的，既要利用传统教学方式系统的优势，又要利用现代教学方法形象生动的特点，为更好地完成教学任务服务。教师切莫过分依赖现代教学方法的使用，让课堂大部分时间都由学生利用翻转课堂所占据，而忽视了教师在课堂的引导作用，要提高方法使用的准确性。教师在使用不同教学方法来丰富教学形式的同时，要注意避免因教学方法的无规律使用，导致的无法突出教学重难点的问题。面对不同的授课内容，应当采用与之相匹配的教学方法，让教学方法更好地服务于教学内容的传授。在"概论"课上，教师可以以热点和难点问题为中心，以问题为线索，先通过启发式教学法的使用，启迪学生的思想；再通过小组探究的形式，进行讨论；最后再通过展示环节，加强老师与学生之间的交流，增进师生之间的情感。共情所引发的热烈氛围能增强学生的感知力、记忆力、理解力。例如，上海交通大学的施索华教授，在讲授"基础"课时，以专题式教学为主线，将课程分为五个专题，在每个专题讲授过程中辅之以启发式、参与式、探究式教学方法，来增加与学生交流的机会，增进课堂的亲近感，巧妙地使用多媒体教学法，带给了学生更生动直观的教学体验。

六、优化榜样教育方法

（一）榜样教育法的定义

榜样教育法是指树立先进典型，以先进人物的先进思想与事迹为榜样,对人们进行教育,提高人们的思想认识、道德素质和政治觉悟的一种方法。在德育教育中,榜样教育法能够发挥巨大的作用,具有示范性、生动性和激励性等特征。教育者要想自己的教育获得更好的结果,就必须要对上述特征有充分了解,将受教育者本身的积极性激发出来,并且对受教育者的潜能进行挖掘。在恰当的时间采用适度的榜样教育法,对于教育者的个性发展与个人素质的提高可以起到促进的作用。但是,如果过度地使用榜样教育法就会导致受教育者产生心理疲劳,获得的效果与预期的效果相反。

(二) 榜样教育法改革途径

1. 思政教师要自觉成为时代榜样

首先,思政教师要不断提升理论水平,以扎实的功底进行思政课教学,传道解惑是一个教师的本职工作;提升理论水平、拓展知识储备、提高教学技能是教师应有的自我要求。思政教师不仅要有坚定的马克思主义信仰,而且对五门思想政治理论课都要扎实的掌握。思政教师应该好好学习《习近平新时代中国特色社会主义思想学习纲要》,用新思想对自己的头脑进行武装,坚定理想信念,增强综合素质。

其次,思政教师要提高自身道德修养,以德服人,以德育人。教师不仅是教书者,更是育人者。要培养德智体美劳全面发展的社会主义建设者和接班人,培育其"德"是第一位的。教师不仅要教给学生理论知识,更要培育学生优良的思想品德。思政教师要严以律己,以自身高尚的道德情操对学生进行潜移默化地熏陶和影响。思政教师担负着铸魂育人的重要使命,要勉励自己成为可信、可敬、可靠,乐为、敢为、有为的优秀教育者。

2. 提升对榜样的认同

首先,大学生要加深对榜样的深层认知。一方面,大学生要关注不同类型、不同层次的榜样群体,不同类型层次的榜样闪耀着不同色彩的光芒。除了要学习和了解与自身联系密切的榜样群体,大学生也要加深对其他榜样的了解,接受多种榜样精神的熏陶,促进自身的全面发展。

另一方面,大学生要通过多种途径全面、完整地认识榜样。媒体对榜样的宣传和报道往往是弘扬其主要的精神品质,大学生要深入挖掘榜样事迹和榜样行为，要不断提高判断是非的意识和能力，避免因为片面的认知而产生对榜样的误解和扭曲。

其次，大学生要提升对榜样的认可。党和国家对榜样进行评选和表彰，是由于其对国家和人民做出了巨大的贡献；社会对榜样精神进行宣传和弘扬，是因为其代表了社会主义核心价值观，代表了社会主流价值方向。榜样模范人物计利国家、无私奉献、艰苦奋斗，推动了国家的富强和民族的振兴，是时代的楷模。大学生群体要对做出巨大贡献的人们给予鲜花和掌声，坚决反对攻击和侮辱。青年大学生要自觉避免不良文化思潮的影响，坚定社会主义理想信念，加强对榜样人物和榜样精神的认可度。

3. 用行动践行榜样精神

习近平总书记指出："广大青年要把正确的道德认知、自觉的道德养成、积极的道德实践结合起来，自觉树立和践行社会主义核心价值观，带头倡导良好社会风气。"[①] 对于总书记的嘱托，大学生应该牢牢记住，脚踏实地学榜样，诚诚恳恳做实事。

一方面，大学生要积极参与校内榜样教育实践活动。高校是榜样教育的主阵地，也是大学生成长和发展的主要平台。大学生要积极响应学校的号召，用行动支持榜样的宣传教育活动；积极参加校内榜样的评选和选拔活动，促进榜样选拔机制的民主性和透明化，发扬自身的主体性作用；支持和协助学校组织的榜样宣传活动，了解榜样事迹，学习榜样精神；党员学生干部要充分发挥示范引导作用，在学习生活中坚定理想信念，关心其他学生的生活与学习，并且在他们遇到困难的时候提供帮助，成长为道德与品质都优秀并且乐于助人的学生榜样。

另一方面，大学生要乐于参加社会上实践活动，自觉在生活中发扬榜样精神。大学生不仅成长在高校环境中，更扎根于社会大环境中，是社会的一员。因此，要积极响应国家号召，参与学榜样的社会活动；积极响应国家政策，敢于到基层服务国家和人民，敢于在艰苦的环境中彰显自己的价值。大学生只有在奉献社会中才能真正实现自己的个人价值。

4. 营造浓厚的校园榜样教育环境

学校榜样教育宣传要常态化、多样化。榜样教育法在高校思想政治教

---

① 习近平同各界优秀青年代表座谈时的讲话. 2013年5月.

育中的运用，应该在日常的校园活动中就有所体现，而不是仅仅体现在思政课程上。榜样教育的各个环节应当在高校活动当中常规化。组织学生参与榜样的选树和宣传既可以营造良好的氛围，又可以增强大学生对榜样的心理认同感和崇拜感。常态化的学习宣传榜样活动可以降低榜样教育的政治性和官方性，成为大学生自己的实践活动。榜样教育活动要打破传统自上而下的宣传模式，发挥大学生的主动性和积极性。学校还要支持思政课堂的实践活动、学生会社团的课外活动，鼓励实践教学。

5. 政府要健全学习榜样的激励机制

政府首先要做好榜样正当权益的保障机制。榜样人物最基本的权益必须受到社会和群众的尊重和维护，这也是对榜样最基本的尊敬。政府要做好榜样人物的权益保障，从制度上保护榜样的正当权利，从根本上给社会大众一剂"定心药"。政府还要做好榜样行为的奖励机制，因为给予榜样行为的鼓励和奖励会成为一种积极的诱因，增强社会其他成员学习榜样行为的信心。

七、创新问题导向法

所谓问题导向法是指在高校思想政治理论课教学活动中，以接受主体的思想道德发展水平、社会热点问题为切入点，引导其对问题进行交流、思考、探讨，对接受内容进行选择、吸收，形成"问题—思考—交流—吸收"的高校思想政治理论课教学方法。问题导向法运用的目的在于以学生感兴趣的问题引导学生对于问题的思考、解决，引起学生对高校思想政治理论课接受内容的兴趣，达到改善教育效果的目的。

遵循问题导向法，需要做到以下几点。

（一）了解接受主体的心理

教师在备课的过程中，应该从接受主体关注的热点入手，从学生感兴趣的事物入手，从学生的思想实际、发展情况入手，尽可能收集时下热点，选用能够引起学生兴趣的问题、热点，提高学生对教育内容的兴趣，以激发其求知欲望。

（二）协助学生解决问题

在问题解决过程中，有针对性的引导学生对问题进行思考，鼓励学生独立分析、回答、解决问题，促使学生在问题解决过程中，实现对高校思想政治理论课教育内容的理解、选择、接受，并形成一整套分析问题和处理问题的能力。

（三）传授主体积极引导

在传授主体与接受主体的相互交流、探讨的高校思想政治理论课教学中，传授主体应该利用丰富的资料、完备的教材知识体系，引导接受主体认识接受内容的重要性及教学活动开展的必要性，引导接受主体对课堂传授内容的主动学习，对接受问题的总结、思考，提高高校思想政治理论课教学效果。

八、优化案例教学法

《教育大辞典》中认为，案例教学法是在高等学校社会科学的教学过程中，通过组织学生对一系列案例的分析，提出问题的解决方案，从而使学生能够熟练运用相关的专业技能、知识和理论的教学方法[①]。郑金洲教授认为，案例教学法是指在描述具体的教育情境的基础上，引导学生分析、讨论这些特殊情境的一种教学方法[②]。综上所述，案例教学法就是以提高高校思想政治理论课教学效果为目的，在传授主体的设计、指导下，以高校思想政治理论课领域内的真实案例作为教学材料，通过对具体案例的描述、分析、讨论，培养接受主体对于真实教育情景、高校思想政治理论课接受内容的判断、选择、分析能力，锻炼接受主体的思考能力、理论用于实践的能力的教学方法。案例教学法具有实践性、启发性、综合性的特点。

遵循案例教学法应该做到以下几点。

---

① 顾明远. 教育大辞典 [M]. 乌鲁木齐：新疆人民出版社. 2002年11月.
② 郑金洲. 案例教学指南 [M]. 上海：华东师范大学出版社，2000年6月

（一）精选案例

案例作为案例教学法的核心，案例的质量直接影响案例教学法带来的教学效果。案例具有客观真实性，所选用的材料须最大限度地来自实际的社会生活；案例具有典型性，所选用的材料反应的客观事实需要具有代表性、普遍性、能够做到由个别到一般；所选用的案例需要紧跟时代发展的脚步，尽可能地体现当下社会热点。选取真实的、典型的高校思想政治理论课接受主体感兴趣的案例，可以调动接受主体的积极性，使接受主体更好地接触社会现实问题，快速地完成从理论到实践的转换。

（二）分析案例

案例教学法所选用的案例较一般教学过程中使用的例子更加丰富、复杂，传授主体应启发接受主体在一系列案例分析过程中独立的思考、判断问题，建立起属于自己的思维方式，在面对高校思想政治理论课接受内容时，有自己的判断、解读，建立审时度势、分析、决策的能力。

（三）总结案例

传授主体要把握教学进度，为保证能够顺利完成传授课程的任务，在思政理论课教学环节中，传授主体必须准确掌握教学进度。同时在授课期间，传授主体要狠抓关键性问题，采用案例教学时必须确保案例的典型性并保证案例脉络清晰。将所授内容教予后，传授主体也要引导接受主体做好总结，并及时反思、反馈，以发挥案例教学应有的教学效果。

第四节 拓宽思政教学平台

一、利用网络的现代性特点

利用网络的现代性进行高校思想政治理论课教学，把教学活动与网络这一新的载体和时代特征连接起来，实现高校思想政治理论课教学的网络化。利用网络的现代性特点引导接受主体关注积极向上的信息，并且在正确接受内容潜移默化的作用下形成良好的思想品质，从而实现高校思想政治理论课教学效果的提高。

利用网络的现代性特点提高思想政治理论课教学效果应该做到以下几点。

（一）利用网络的广融性

网络的广融性内含网络信息横向拓展与纵向深入两方面。横向指知识型与价值型信息的广布，旨在强调信息的本原与评价性认识；纵向指知识的历史包容性，强调不同时间点的信息能同时在网络中出现。随着现代化技术的不断革新，网络的广融性特点不断深化。网络的广融导致接受主体面临的海量信息良莠不齐、真假难辨，但也正是信息的繁杂多样，可以促使接受主体能够找到感兴趣的话题和所需的文章与数据。为了使接受主体能够准确筛选出有用的、积极的信息，在接受活动中，传授主体应适时传授网络信息鉴别技巧，并强调负面信息的危害性，让接受主体在积极向上的价值观引导下，有效避免不良信息侵害并找出符合自身需求的相关内容，以促进其在网络大潮下提高自身接受效果。

（二）利用网络的开放性

现代化网络使地球成了"地球村"，网络信息的开放性也为高校思想政治理论课接受主体带来了便宜。跨地域、跨时限的人际交往空间成了现实，打破了传统人与人面对面才能实现沟通与互动的狭隘界限。通过互联网，接受主体可以通过比照他人的有益言行，自我反省与群体言论的差异所在，查找自身言行的不足与缺陷。同时，当网络中出现与主流价值相悖的言论时，接受主体亦能通过自我警醒，查找自身是否存在此类思想倾向，并对可能出现的苗头予以遏制。为更好地引导接受主体在网络开放性背景下实现内省，提高接受效果、接受质量，传授主体在高校思政理论课堂中必须帮助接受主体提高分清是非曲直，以及维护自身合法权益的能力，帮助接受主体更加灵活地运用网络信息，提高自身思想素质，提高接受效果。

二、合理利用"网红"教育资源

（一）健全互联网治理管理机制

对于"互联网+"环境中的诸多乱象，最重要的就是政府健全相关管理机制，并且有法可依。在任何一个国家，政府都在互联网治理中扮演着重要的角色，政府的作用主要体现在制定互联网治理的规章制度与政策、协调解决互联网中的问题与纠纷。而法律始终是约束人们行为的有力武器，只有健全的法律体系才能促进社会的长治久安。

在法律层面，首先，国家要不断完善相关的法律法规，杜绝"擦边球"的现象，并且要成立相关监管部门，一旦发现其违规行为立即采取相关措施，追究相应人员的责任。其次，网络平台运营商要承担起社会责任。现在"网络"传递信息的载体主要通过微博、微信及一些直播平台等，作为网络平台的运营商，例如腾讯、斗鱼、YY等应该主动承担起社会责任，为互联网管理提供技术支持，主动屏蔽那些违背社会主义核心价值观的负能量"网红"，对于其传播的不良信息坚决予以删除；对于其通过直播展现给公众的不良形象予以封停，为大学生营造一个和谐的网络环境，为正能量"网红"提供一个公平、有效、安全的平台。同时，网络平台运营商也要自查，找出存在的负能量"网红"并坚决实行"零容忍"。为了杜绝负能量"网红"通过建立"小号"卷土重来，相关平台还应该对申请账号的个体、单位逐一核对，从根本上消除负能量"网红"带来的"榜样"效应。最后，通过法律法规的约束、网络平台运营商的监管，"网红"粉丝的素质也能够得到相应的提高。

（二）塑造正能量"网红"，树立道德建设新榜样

在社会主义核心价值体系建设的过程中，道德榜样发挥着重要作用。道德榜样作为社会主义核心价值观的人格符号，是践行社会主义核心价值观的鲜活载体和生动教材。不同时期，道德教育可能会有不同的形式，但是榜样教育始终是道德教育的重要途径。春秋战国时期，教育家孔子将尧、舜、禹作为推崇的道德典范；中华人民共和国成立后，毛主席"向雷

锋同志学习"的号召掀起了全国学雷锋的热潮。在如今的"互联网+"时代，虚拟世界同样需要道德榜样，塑造正能量"网红"恰恰是树立道德榜样的新途径，他们身上具有的榜样效应符合时代的发展需要，可以引起人们的共鸣。

塑造正能量"网红"，首先，应该对正能量"网红"有足够的重视。在笔者的调查中发现，以大学生为代表的社会群体对于"网红"的看法褒贬不一，社会中一些人对于"网红"还带有偏见，这是不利于正能量"网红"发挥榜样效应的。现实中，一些默默付出的人通过网络被人所熟知，这些人被网友尊称为"最美护士""最美警察"等，无形间成为各自行业的榜样；网络中，也有很多像电竞选手这样通过自己的艰苦付出，最后成为正能量网络偶像的典范。这些正能量"网红"都来自普通生活，他们的经历更具有说服力，政府应该合理利用这一优势，用官方平台为他们做宣传，引起社会的重视。

其次，要给正能量"网红"展示的空间。对于政府而言，可以在其官方微信、官方微博等社交平台上提到一些在网络上传递正能量的网友，也可以在直播平台注册官方账号，与一些正能量的网络偶像进行互动，转发他们的作品，向网民介绍他们的励志故事。目前一些政府机关已经在利用网络直播开展自己的工作。在"一直播"上，每个月都会评选"直播政务榜"。2021年8月榜单上影响力指数最高的是军视网，凭借一场直播获得了297.8W的观看量及7264的评论量。"天津交警"在一直播等多个平台上都有定期举办直播，直播内容从交警夜间检查、交管局约谈企业，到民警日常工作等，应有尽有。直播以接地气，门槛低等优点向群众展示公职人员是如何服务人民的，为政务机构赢得了群众的好感。这是一个积极的信号，塑造正能量"网红"离不开政府的支持。

最后，对于正能量"网红"来说，最重要的是保持自身的优秀品质，做到表里如一，用自己线上的表现带动线下网民，使自己成为真正的道德建设新榜样。

（三）坚持"双管齐下"，发挥"网红"正能量

大学生群体将"网红"看作是"互联网+"时代的"新偶像"，其思想行为都在潜移默化地受"网红"影响。高校应该充分抓住这个机遇，将能够发挥榜样效应的"网红"积极介绍、推荐给大学生，从而形成传播正

能量的良好的校园氛围。对此，高校应该坚持深度解读、统一战线相结合，双管齐下，充分发挥正能量"网红"在高校思想政治教育中的促进作用。

深度解读是指高校针对已经存在的"网红"言论、行为，进行具体、客观的解读评价。随着互联网时代的不断深入，大学生接触"网红"的类型也是多种多样，"网红"群体凭借特有的与众不同深受大学生的喜爱。那么，喜欢是否代表就要盲目地跟风、崇拜，如何让大学生意识到自己喜欢的"网红"传播的是正能量还是负能量，是高校在处理"网红"影响时需要改进的地方，因此解读评价"网红"言论、行为是很有必要的。目前许多高校都有微信公众号或者官方微博，在官方平台上，可以定期对某种"网红"思想或者某些"网红"行为做出具体、客观的评价。在快手整顿期间，央视在官方微博上发表了一篇名为《社会摇晃散了年轻人的诗和远方》的文章，题目新颖、内容深刻，得到了全社会的积极响应。在"网红"的潮流风席卷校园时，大学生由于追求自由的性格，价值观尚未成熟等原因，缺乏判断力与分辨是非的能力，高校作为思想政治教育的主阵地，应该第一时间"发声"，发挥引导作用，通过解读评价帮助大学生向正能量"网红"学习的同时，自觉抵制负能量"网红"。

(四) 打造"思政网红"，树立思政教师新形象

高校思想政治课教学的有效性和针对性问题，一直备受关注。国内部分高校和思想政治课教师正试图开展有益尝试。"思政网红"就是一个有益尝试，这些"思政网红"群体多为年轻教师，其具备思想政治专业教师的专业素养，极具个人魅力，不固守成规，敢于创新思想政治课堂形式，深受学生欢迎。"互联网+"时代下，信息交互便捷，只有不断讨论交流与互动，新思想才能迸发。打造"思政网红"，一方面可以树立青年教师的亲和形象，提高其知名度，激发学生的参与热情；另一方面又能够增强思想政治课教育活力，充分发挥榜样教育的作用，强化思想政治课的领先地位。但是在思想政治教育队伍中打造"思政网红"，需要注意几个方面的问题。

首先，"思政网红"要坚持思想性、政治性和导向性相结合。"思政网红"不是纯商业行为，要避免"思政网红"向"重娱乐""轻思想"的庸俗化发展。思政课作为马克思主义理论下的一门分支学科，是我国所特有

的兼具政治性、科学性和实践性的课程之一。思想政治课教学的改革不仅要对教学方法创新，更重要的是坚定马克思主义的学科意识把握内在的规律特质。对于高校的思想政治教育而言，"网红"只是形式，内容才是基石，"思政网红"就是一种方法和手段的创新。

其次，"思政网红"要牢记教书育人的使命。"思政网红"是高校思想政治教育队伍的一股创新力量，只有坚持基本的教师原则，完成重要的教师使命，创新才是有意义的。高校是育英的摇篮，把握思想政治教育是高校教育的出发点和落脚点，帮助大学生理性认识网络信息，是新时代下高校思想政治教育的职责与义务。"思政网红"的诞生不仅仅是为了提升思想政治课堂的到课率和抬头率，更重要的是利用思想政治专业知识与主流意识形态的产物相结合，不断拓展思想政治教育的外延，让"思政网红"真正成为新时期思想政治教育的领航人。

总体来说，打造"思政网红"不是一朝一夕能完成的。在发展过程中难免会出现一些问题，要总结经验、发现不足，因事而化、因时而进、因势而新，坚持教学原则与社会主义核心价值观，以便更好树立思政教师新形象。

三、高校新媒体思政教学平台

（一）新媒体的含义

"新媒体"是对媒体发展的一次创新和改革，范围广、内容全、内含丰富，是媒体发展与网络技术相结合的产物，实现了人人参与到媒体中来的质的飞跃。专家宫承波认为所谓新媒体，也就是借助全新的互联网信息技术手段给用户带来多样化的信息数据资源。清华大学熊澄宇教授则认为新媒体是相比较而产生的，现在的新媒体日后也可能演变成了传统的媒体，现在的这些传统媒体之前也被人们称为是新的媒体，他认为新媒体就是指新兴的网络平台。通过研究可以发现，我国对新媒体的相关概念的阐述多为宏观。如今，新媒体已经成为我们的生活当中的一部分，人们普遍认同新媒体是一种全新的传播媒介，它借助信息、网络和数字技术，依靠移动和网络设备，向受众传递信息，提供各式各样的生活需求及服务。

新媒体以网络信息技术和通信技术的发展为基础，快速汇集、关联、组合各种信息，以多样的表现方式传达给受众，满足其多样性需求。新媒体是不断发展的媒体，是对自己的不断更新，以满足需求为己任，将多元、丰富、人性化的信息内容融入受众的生活之中。受众更愿意成为信息的主人，主宰信息，这使得信息在新媒体的传播效力远远高于传统媒体。新媒体是一个相对的概念，新媒体的"新"是与传统媒体相比较而言的，是对媒体的不断丰富和发展，丰富了传媒的传播渠道和方式。上海交通大学蒋宏和徐剑认为新媒体运用光纤网络和电子通信网络等数据信息，将卫星、手机和媒体信息进行多方位的互动。它既能够充分运用现代互联网中的信息数字技术，加快信息的传播速度和路径，提高传播效率；也可以是一个综合性的信息网络基库，给用户带来全面丰富的数据体验和信息资源。由此可以得出，新媒体既可以指运用网络技术、借助移动智能终端，实现人人可以参与到媒体的产生、传播和成果共享中来；也特指以依靠网络传输为载体，以移动智能手机为终端，以受众最常见的新兴媒体软件为代表，可以实现及时、互动、便捷等新媒体的基本功能。

（二）新媒体运用种类多样

新媒体的种类众多，给高校思政课的教学提供了很多的选择。以清华大学为例，有清华大学的微信公众号、微博官方账号、清华大学短视频账号及其研究的雨课堂等。从中可以看出，清华大学不仅注重学生的交流和呼声，也注重官方息的发布渠道，短视频的加入以清新平易的方式宣传清华大学，雨课堂的产生揭开了清华大学课程的神秘面纱。以清华大学为代表的全国很多高校思政课都已经将新媒体灵活运用到教学中来。

一是社交新媒体的运用。首先，朋友圈式社交的微信软件的使用如今，微信已经走进并更新着我们的生活，微信的文字、图片、语音、视频功能已经替代了之前的社交方式。不知何时起，许多课堂开课的第一件事便是拿起手机，加入班级群，方便了师生课上课下及时沟通，思政课也是如此。高校思政课运用微信平台，方便了教学。思政课教师运用微信，倾听学生的呼声和需求，让学生在微信平台中进行发声，表达对思政课的心声和需求。同时运用微信，尽快地了解了学生的问题，解决了学生的难疑，实现了思政课教学的诉求有道。

同样，具有高度开放社交性的微博也同样运用广泛。与微信相比，微博的运用更为简单和易操作。近些年来，思政课教师通过开设微博账号，分享时事感悟，热点交流，使学生在是非面前有选择的标尺。与微信相比，微博可以匿名与思政课教师沟通，使思学生可以无顾虑进行表达。同时，思政课教师通过"学校超话"的浏览，可以第一时间关注学生动态，知晓学生最为关心和关注的思政信息，方便了思政课教学中及时添加这些内容，使得思政课教学更具有时效性。

二是以抖音为代表的短视频软件的运用。随着无线网络的普及和移动流量限制的降低，学生不再受流量数据的影响，不再满足于图片的浏览，这时抖音便深入学生中。思政课教学中插入抖音短视频的形式已经屡见不鲜，其以最快和最有效的方式吸引了学生的眼球，增加了思政课教学的趣味性。同时，思政课教师可以通过浏览抖音短视频，了解学生的兴趣，并将兴趣视频融入思政课教学之中，这些都提高了思政课受欢迎的程度，使思政课更深入学生心中。

三是以云课堂、雨课堂为代表的云媒体的运用。随着无线网络的普及和新媒体的运用，使得线上教学成为可能，云、雨课堂的诞生打破了课堂的时空界限，从技术上实现了突破，内容上得以精益求精，使得线上教学可以对线下教学及时进行补充和拓展，加强了师生之间的深度交流；同时，学生可以对高层次学府的课程进行观看及互动，保障了优势资源和技能，也激励了教师讲出更加精彩的思政课。尤其是疫情防控期间，"停课不停学"任务的展开，让进行线上思政课教学的思政课教师成为网络主播，运用"云"端，吸引学生成为自己的粉丝，教学成效显著，获得了学生的认可。

（三）新媒体——微电影

1. 微电影的含义

微电影又称为微型电影，简称微影。随着国内首部微电影《一触即发》的播出，"微电影"这一概念也相继诞生。微电影作为新媒体时代的一种新兴产物，实际上是对电影短片的继承与发展。关于微电影的概念，目前更多基于在已经认知的微电影的基础上，从"微"角度的解读。柴素芳、沙占华认为，"微电影是相对于电影而言的一种艺术形式，其'微'

在于：微时长、微制作、微投资"。微电影不仅有"三微"的特征，而且它还具有制作精美、故事情节完整、不限制播放平台等优点。它体裁灵活多样，不仅仅局限于叙事体，还有动画、电视新闻、街头采访、现场记录等多种体裁。关于微电影的价值，北京大学艺术学院教授王一川认为：微电影的微，不是微不足道，相反却是微而足道，也就是规模微小但又容量丰盛，在微小规模上集中惊人的意蕴。它能够蕴含丰富的内容，例如感人亲情、社会伦理、批判现实、回顾历史、社会公益等多种内容。它自身短小精悍的特点，符合现代人"快餐式"的文化消费观念，所以深受大众追捧。

2. 微电影在高校思政课实践教学应用中应坚持的原则

（1）坚持第一课堂与第二课堂相统一的原则

要将微电影恰如其分地应用于高校思政课实践教学中，就必须坚守第一课堂与第二课堂相统一的原则。第一课堂主要强调理论教学，是指老师在课堂上根据教材讲解的基本理论知识，是进行实践教学的前提条件。习近平总书记曾说，"要用好课堂教学这个主渠道，思想政治理论课要坚持在改进中加强"[①]。第一课堂是思政课教学的主干道，在整个思政课教学中占有重要地位。思政课的内容不仅包罗万象，而且部分内容较为深奥，例如"马克思主义基本原理概论"这门课，学生理解起来就具有一定的难度，老师必须在课堂上深入浅出地夯实学生的理论基础，这是保证思政课微电影具有的理论深度的前提。第二课堂主要强调实践教学，是指在老师的指导下由学生参与的一切与课堂相关的实践活动，是学生感悟思政课理论知识，提升自身素质的重要方式之一。思政课微电影实践教学正好可以让学生把理论知识与动手实践紧密地结合起来，用充满时代感的实践方式，既可以让学生领悟思政课真理，又可以增强学生的实干经验。

一部兼具理论深度和趣味性的思政课微电影，需要营造第一课堂和第二课堂"你中有我，我中有你"的氛围。如果没有坚守这一原则可能会存在这样的问题：既无法保证思政课微电影作品的理论深度，又影响学生综合能力的提升。一部耐人寻味的思政课微电影必须建立在深厚的理论基础之上，要和思政课第一课堂的理论知识深度融合。如果没有坚实的理论基

---

① 习近平总书记在全国高校思想政治工作会议上的讲话. 2016年12月.

础，容易使学生按照自己的喜好或一味迎合大众口味来进行主题的选择和后期的剪辑，无法保证思政课微电影的质量。但如果只是强调理论性就容易忽视学生的参与感，导致其综合能力得不到提高，就会让实践教学失去应有的温度，让学生参与热情降低。思政课微电影实践教学的主要目的是让学生在亲身实践中体验知识，感悟人生，完善自己，最终为思政课立德树人的目标所服务。例如西安理工大学首届"韶华杯""纲要"课微电影大赛中的一等奖作品《三一八惨案》，是根据老师在第一课堂所讲的"纲要"课理论知识为基础，学生用微电影的形式在第二课堂进行实践。在实践中学生不仅需要深入查阅本次历史事件的相关资料，包括事件的背景、起因、经过、结果、影响等，而且还需要小组合作将历史事件用微电影这一艺术方式呈现出来。这既能加深学生对相关历史事件的认识，又能促进学生养成理性思考和关心社会的习惯。在下一节的思政课教学中，老师也可以播放学生在第二课堂的优秀微电影作品，让第二课堂反哺第一课堂，使第一课堂和第二课堂深度融合。只有坚持第一课堂和第二课堂相统一的原则，才能让微电影教学真正起到为思政课服务、使大学生受益的作用。

（2）坚持内容为主与形式为辅相统一的原则

虽然思政课微电影实践教学是一种前景广阔、吸引力强、深受大学生喜爱的教学方法，但它始终是思政课教学的一种辅助手段。在制作思政课微电影时，须遵从思政课教学大纲，与课程内容相契合，强调内容为主。如果在实践过程中本末倒置，只是一味地将心思花在更精美的呈现上，而不考虑所表达的思想，让形式喧宾夺主，就会造成思政课微电影教学空有其表的现象。正所谓"言之无文，行而不远"说的就是这个道理。只有各式各样的思政课实践教学都牢牢抓住思政课这一根基，才有可能发挥实效。所以思政课微电影实践教学应该时刻坚守内容为主与形式为辅相统一的原则。如果只是一味强调思政课内容而忽视微电影这一形式，或是把微电影实践教学凌驾于思政课之上，就可能存在以下弊病。

一方面，使思政课微电影缺乏灵动性。虽说思政课微电影实践教学必须以思政课为基础，但也不能不关注微电影这一形式。正是因为思政课微电影妙趣横生更接地气，才深受大学生的喜爱。若是在实践过程中，由于制作技术的欠缺，只是相关照片的简单拼凑和解说，甚至连视频剪辑也没有，更没有后期的配音、配乐等制作，这样一来不仅学生的能力得不到锻炼，而且会使思政课微电影的效果大打折扣，再好的选题也得不到很好地展现。因此，在把握主题的同时也不能忽略微电影这一形式。

另一方面，使思政课微电影缺乏思想性。如果一味追求微电影画面质感和视觉效果，就可能会忽略掉最关键的内容。在现在微视频泛滥的时代，有些大学生在进行思政课微电影实践教学时，一味地为了吸引观众的目光，在镜头的拍摄和后期的剪辑上下足了功夫，而在主题的选择和脚本的撰写上却草草了事，最终思政课微电影作品只能是华而不实，不能走入观众的心里，更不能让观众产生精神上的共鸣。如一些学生选择时政热点作为拍摄的主题，但因为平时对时政热点关注较少，加之缺少深入思考，所以在制作思政课微电影时总会有力不从心的感受，无奈之下只能在制作方面做文章。但一部质量上乘的精品思政课微电影不仅要求制作精良，更重要的是所呈现的内容。所以，要想制作一部赢得人心的思政课微电影，最终的立足点还是内容。

因此，要想将微电影与思政课实践教学深度融合，必须始终坚持内容为主与形式为辅相统一的原则，这样才能使短小精悍的思政课微电影发挥其应有的效用。

（3）坚持教师主导与学生主体相统一的原则

在思政课实践过程中，如果没有分清老师和学生这两者的地位，那么有可能会削减微电影在高校思政课实践教学中的应用路径，弱化思政课微电影实践教学的育人效果。那到底在实践教学中谁占主体地位，谁又占主导地位？叶圣陶提到："教师的主导作用，意在于善于引导启迪。"这强调了教师的主导作用。但是只关注教师的主导作用，而忽视实践教学中学生这一重要主体，这样的实践教学是不完整的。要想让学生通过实践教学深化思政课理论知识，就应该既发挥老师的作用又发挥学生的作用。总的来说，实践教学应该是由教师占主导地位，学生占主体地位的一个师生双向互动的过程。

思政课微电影实践教学作为实践教学方式的一种新尝试，对于大学生来说是新奇且充满挑战的，尤其是在主题的选择方面。这就必须发挥教师的主导作用，让思政课理论知识扎实的教师来为其守门把关，此刻的思政课老师犹如牵制风筝的那根线，牢牢把握整个实践活动的大方向，保证思政课微电影实践教学的理论性。同样在影片拍摄、后期制作等方面也不能有老师的缺席，这样才能保证思政课微电影实践教学的顺利完成。但是，在老师充分发挥主导作用的前提下，如果学生没有积极主动地参与其中来获得知识、体验知识，则老师的主导也将会是徒劳无功的。因此，思政课微电影实践教学要坚守教师的主导和学生的主体相统一的原则。

如果要坚守教师主导与学生主体相统一的原则，就需要调动师生两方面的积极性，才能更好地发挥思政课微电影实践教学的效用。一方面，要明确教师的主导地位，促进教师的教育观念由"教书匠"向"引路人"的转变，同时也要让教师明确自身肩负的重任，促使教师实时更新自己的知识库和技能库，当好学生思政课实践教学的掌舵人。另一方面，要明确学生的主体地位，激发学生的内生动力。让学生尽快完成从配角到主角的转变，端正自己的"等靠蹭"的心态，积极主动地发挥自己的专业优势，将思政课微电影与自己所学专业相结合，用综合性的思维去学习、领悟思政课的内容，锻炼自身各方面的能力。同时学生也要能够认同教师对自己的主导，虚心地接受老师的建议，而不是在实践过程中依据个人喜好一意孤行。只有平衡好实践中师生两者的关系，才能达到教与学的和谐统一。

（4）坚持相互借鉴与守正创新相统一的原则

相较于其它传统实践教学方式来说，思政课微电影实践教学的兴起时间较短，可改进空间较大。因此，在之后的应用中不仅要借鉴其他高校在实践中的有益经验，更要坚守马克思主义的基本立场，不断创新和完善自身的教学方式。

所谓的相互借鉴是指思政课老师在组织思政课微电影实践教学时，借鉴那些思政课微电影实践教学发展较好、取得成效较大的高校的成功经验。在优秀的思政课微电影中汲取营养，才能使自身茁壮成长。例如河北大学关于精准扶贫的微电影《大山深处》、关于初心与梦想的微电影《许愿》、关于疫情防控的微电影《战疫》等，都实现了将思政课课本和学生现实生活的无缝衔接，达到了让学生在思政课微电影实践教学中践行思政课理论知识的目的，并且学生也学会了群策群力、精诚合作，磨炼了自己的意志，激发了爱国、爱党、爱人民的情怀，小组成员各个收获颇丰。只有将这些成功的经验与本校实际情况相联系，在相互借鉴的基础上，实现创造性转化和创新性发展，才能既达到物尽其用的目的，同时又有益于本校思政课微电影实践教学的发展。

所谓的守正创新是指思政课微电影实践教学始终要坚守马克思主义的基本立场之正，不断开创对话性、引领性、直观性、巩固性、体验性微电影实践教学之新。因为马克思主义的基本立场是思政课一切实践活动的基本遵循，是创新实践方式的出发点和基本理论依据，所以在进行思政课微电影实践教学时首先要守正，其次才是创新。在创新的过程中，要注重营造师生平等交流的氛围；要利用微电影这种新方式将知识灵动化，让其更直观地呈现在学生面前；要通过思政课微电影实践教学方式打造一个具有全局性、完备性的知识体系，将新旧知识贯穿起来，达到温故而知新的目的；要通过学生自己拍摄制作思政课微电影，将硬性的知识灌输转化成快乐的知识体验；要注重唤醒学生内心深处向善的力量。

相互借鉴强调的是借鉴有益的实践经验，守正创新强调的是在坚守根本的实践立场上创新实践方式。这两者的紧密结合，不仅能推进思政课微电影实践教学的进一步发展，而且能够推动学生实践能力的不断提高，促进学生的全面发展。

（四）高校新媒体思政教学平台运用策略

1. 各部门之间实现新媒体资源互通共享

一是设立专门交流部门，加强硬件设施投入。为保障新媒体教学的良好运行，学校可以设立专门的交流部门和办公室，定期进行新媒体教学的交流。投入新媒体的硬件设施，启用新媒体教学的专业教师，进行新媒体运行的运营和管理，并对思政课教师进行定期的技术培训和问题咨询；同时专门部门可以加大对新媒体教学实施的在线把控，把握新媒体教学的内容和方式，确保思政课教师可以在良好的氛围中进行新媒体的学习和交流，确保思政课教学的顺利展开。

二是师生共建，加强与学生团体的合作。学生是运用新媒体最擅长的团体，他们善于把握新鲜事物、对软件进行更新交替，学生走在新媒体的最前沿。绝大部分学校都设立了自己的学生会，下设有宣传部门等，许多院校也设立了自己有为特色的活动机构和传媒团体。以沈阳师范大学为例，学校有大学生记者团、阳光直播室等学生团体，学生之间互相交流合作，运用新媒体，收集学校最新消息和学生最为感兴趣的校园动态，并进行宣传。通常，这些团体的新媒体关注度较高，思政课教学可以与这些团体紧密沟通，使思政课教师可以以较快的方式收集学生喜好和关注的内容，并借助学生团体对思政课新媒体教学进行宣传，提高影响力，使之发挥思政课教学的最大优势。

三是学校要重视新媒体的影响。新媒体的影响力较强，传播内容和传播速度不受控制，对高校产生了深远的影响，尤其是对学校教育工作的展开有很大的影响，所以学校宣传部门应该引起重视。高校宣传部门应该从制度高度统一领导思政课教学，对思政课教学进行系统的要求和战略部署，并进行运用效果的检验。同时，高校辅导员是最直接与学生进行沟通的教师，是对学生进行思想政治教育的最后的把关人。因此，辅导员教师可以合理运用新媒体与学生进行沟通，这就要确保辅导员教师拥有较强的思想政治教育意识和新媒体运用的技术优势，使之既可以站在专业角度，也可以把握新媒体态势；在高校学生生活和学习等方方面面迅速融入其中，以朋友的角度答疑解惑，以观察员的身份为思政课提供素材，掌握学生动态，做新媒体运行的幕后力量，为思政课教学服务，确保思政课教学的良好运行。

新媒体带来了新的教学方法和内容，仅仅依靠一方之力难以实现教育的整合，只有各方齐抓共建，各部门加强合作，扬长避短，充分发挥出整体大于局部的作用，同时优化内部结构，才能实现资源的有序互通。

2. 加快形成高校新媒体运用的专业化技术保障

高校思政课承担着思想政治教育的重要任务，思政课教师是保证思政课教学有序进行的坚实基础。"为确保思政课教学与时俱进，紧跟时代的发展，高校可以多种方式构建思想政治教育专职人员与非专职人员进行思政教育的管理。"一是建立思政课新媒体专业化队伍。推进新媒体走进思政课，就要优化思政课教师的结构。新媒体的固有特点要求思政课教师必须拥有更高的素质，高校可以在原有思政课教师的基础上，大胆将重任交给年轻教师，设立思政课新媒体专业队伍，配备专业人员、合理专业设置，使得专业教师可以站在专业角度，合理运用新媒体，由思政课讲授者变为思政课的参与人，主动融入新媒体，集中力量对新媒体课程进行建设，发挥教师的最大优势，提升思政课的教学效果。

二是组建新媒体原创团队。借助新媒体的发展，信息可以迅速地被转载交流。一些思政课教师由于种种原因，使思政课教学内容流于表面形式，只是对新媒体内容的借鉴参考，更有甚者对一些内容照搬照抄，学生出于无奈只能学习与自己学校或者实际不符的内容。比如在线上展开教学之时，一些教师通过播放他人录好的课程应付自己的教学和学生，以至于效果不是很理想。新媒体尊重原创，尊重教学内容和教师的辛苦付出，如果思政课教师独立完成新媒体教学较为困难，可以组建自己的团队，在收集教学内容、交流讲授内容、创作视频音频和新媒体的后期运营方面进行合作，实现对新媒体更好地运用；尊重实际情况，将自己学校和班级及学生融入思政课教学方面，使教学内容对学生有吸引力，使思政课教师有创新力。经过专业的分工和加工，提高思政课程的原创性；多一些新鲜内容，拒绝一味地转载，提升新媒体的影响力。

　　三是鼓励思政课教师掌握新媒体相关知识。思政课课堂的效果如何，还是要靠思政课教师的教学发挥。在我们构建一支新媒体专业团队的同时，仍然需要鼓励每一堂思政课都要让老师切实地掌握与新媒体相关的知识，可以让他们在思政课堂上灵活地运用各种新媒体，与其学生之间进行信息沟通和交流、利用各种新媒体及时更新课堂内容，了解学生的需要，使得每一堂思政课都可以做到内容丰富，受到学生的欢迎。新媒体可以带来丰富的教学方式、新颖的内容。对于思政课教师，尤其是年纪较长者，鼓励其由简单的新媒体知识开始学习，逐步过渡到深入运用，真正使思政课可以与时俱进的进行。

3. 构建高校思政课教学的网络监管机制

　　新媒体时代，学生运用网络进行新媒体交流的范围逐步扩大。大学生刚走出象牙塔，踏入大学校园这个小社会，对未知的好奇，对新鲜事物的喜好使部分学生出现逃课、代课的现象，尤其是在思政课这种公共课堂最为常见。因此，可以运用学生最常用的新媒体创新思政课规范，从而形成思政课的新式监督，方便思政课教学的顺利展开。

　　一是创建新型思政课堂形式。不知何时，点名成了公共课程督促学生上课的必备形式，很多学生出于成绩的考虑，被迫只能"人在课堂坐，思想在手机里游荡"，对以思政课为代表的公共课不感兴趣、毫不在乎。思政课承担着立德树人的重要任务，长此以往，学生的思想便不能得到很好的提升。面对此种现象，思政课教师有了很多应对之策，比如运用新媒体软件，进行"刷脸"上课或者是网络随机点名等，这些运用在一定程度上缓解了单纯点名的尴尬。除此之外，思政课教师可以运用新媒体，创新思政课的教学，不再反感学生带手机进入课堂，让手机成为思政课堂的辅助工具。运用新媒体，设立监督打卡机制，定位定时让学生自己监督自己的学习；定点定式让学生运用手机进行思政课资料的查找，比如思政课教师可以运用填字游戏，让学生自己查寻课堂内容，在通过手机实时让查找内容反馈到思政课的屏幕上，思政课教师只做查找内容的答疑解惑者。这些方式方法的创新，目的便是运用新媒体，让学生自己监督自己，形成不点名却到课率极高，课堂效果极佳的思政课教学。

二是监督教师的行为举止。思政课教师，首要的是要以身作则，为人师表，要有积极的意识形态，要有高尚的职业道德，才能教育学生形成正确的三观。在一些课堂，一些思政课教师往往忽略了自己的责任和使命，对学生侃侃而谈之时，不注意言辞，学生对思政课的此种情况，不仅不敢表露出来，长此以往，学生的行为会向老师靠拢，便会失去思政课的初衷。新媒体，新监督，思政课教师团队可以运用新媒体进行思政课教师的行为监督，比如开启语言监督机制，对思政课教师的语言内容进行检测，当然监督并不等于监视，只是在于规范。只有思政课教师以身作则，学生才能更好地学习、规范自己。

三是构建学校新媒体监管机制。随着各大高校学生数量的增加，新媒体信息的传播影响给高校思想政治教育带来了极大的影响，仅仅依靠思政课来解决学生的思想政治教育问题，力量远远不够。因此高校应该坚持以新媒体管新媒体的原则，加强新媒体的宣传，运用新媒体进行教育，让更多的师生共同运用新媒体，积极引导师生在新媒体中遵守基本的思想道德素质，构建学校新媒体的监管机制，以思政课教学为基础，以思政课教师新媒体运用的信息为基本载体，高校宣传部门为辅助，积极进行信息内容的发表、宣传。同时加大力度对校园网内的微信、微博、抖音等新媒体软件进行舆情监督，加强网络安全的建设。

思政课作为公共课堂最典型的代表，应该不断与时创新，创建新型课堂形式、监督教师行为、构建新媒体监督机制，形成新的教学规范，让思政课更具有活力和亲和力，能够接受新媒体的检验。

四、互联网环境下高校"思政慕课"的构建

借助互联网,中国大学思政慕课让大学没有了"围墙"。武汉大学思政课作为全国上线最早的一批,提出思政慕课混合式教学模式。认为教师以年轻人喜闻乐见的方式构建平等交流的场景,是开展一切教学活动的基础。"我们必须要用技术来连接并了解学生,将以往以教师为中心的教学理念变成以学生为中心,构建一个透明的线上教学环境,把思想政治类的课程做得更生动更有趣,被更多学生接受。"清华大学的线上线下混合教学也形成了"包装"精美时尚、教学互动生动有效的特色。

(一)思政慕课与传统思政课

若想将思政课真正上到学生心里去,就需要结合时代和当代大学生的心理特点展开教学,而不仅仅是一种简单的纯理论和说教,就要将思政课与新的教学手段、教学媒介相结合,借助融媒体和移动互联网等学生熟悉的新技术、新方法开展思政课,做到在慕课这一新手段下,在不改变思政课育人功能的前提下,从配方、工艺、包装上以学生喜爱的方式改进思政课。

首先,时空的差异。传统思政课中学生和老师采取每周见面的方式进行思政课教学。"思政慕课"则打破了这一教学方式,其教学地点不再受时空的限制,上课的地点可以在宿舍里、家里、公交地铁上或者咖啡厅里。

其次,教学核心的异化。传统思政课堂基于思政课的公共课特性和课程本身的政治理论的严肃性,在教学环节中通常是以教师为核心,教师主导教学的过程,以教师讲授为主,即使不乏一些讨论或者小组活动环节,最终落脚点还是理论的阐述。不仅如此,由于课程本身的严肃性,学生来上思政课也往往表现得很严肃,也许是因为大班教学人比较多或者出于对理论的敬畏,学生参与课堂讨论远不及专业课那么积极。"慕课"依靠技术手段隐去了面对面的"尴尬",采取边看慕课边在旁边讨论框或者弹幕参与讨论的方式,可以使学生在上课的过程中有任何想法都可以畅所欲言,在一定程度上实现了以学生为中心。

第三，教学主体的转换。传统的思政课有着明确的大纲和教案，教师以其理论储备为学生灌输传播理论知识。在教学中，教师以传授为使命，顺带解决学生一些问题。如果学生不提问，教师则很难了解到学生理论知识的掌握情况。慕课由于技术的引入，在教师边讲或者边讨论的同时，学生的各种问题可以及时反馈至教师，教师结合学生的反馈情况，可以灵活改变课堂教学内容。有的问题学生特别感兴趣或者结合当下特别紧密学生希望多听，教师就可以安排后面的教学进度多讲；有的问题学生可能手里有更好的佐证资料，也可以在慕课系统上共享，真正做到以学生为主体，改变了思政课教学的"供给侧"，提供学生需要的内容。这种主体的转换也改善了思政教学大学生和高校教师的人际互动。

第四，培养目标的差异。传统的思政课认为，课堂除了传播理论知识、帮助学生树立理想信念和"三观"等以外，还要提升学生的"人格魅力"，这种提升是和老师的身教和传导、感化不可分割的。"思政慕课"在理论传授、立德树人等"言传"方面的教育上是丝毫不落后的，但是缺乏一种"身教"的平台。"身教"是需要面对面接触形成的，并不是隔空的电脑、手机或者技术手段能进行的。

（二）慕课与传统网络公开课

慕课是不同于传统网络公开课的，虽然这两者有一些相似之处。慕课是一个完整的教学过程、一种与融媒体和"互联网+"融合的教学方式，但是传统课堂的环节慕课丝毫不会缺少。在线进行课程的同时，正常教学环节中的课堂讨论、课堂交流互动、课堂问答、课后作业及测验一个都不会少。慕课建立起一套系统完备的学习过程管理、质量监控、成绩评价体系，作业通常采取主观题教师在线评、客观题机评的模式，成绩由课堂参与在线听课与互动、课后作业和期中、期末测试等组成。而网络公开课仅仅是录下来上课的一部分实况，以便更多的人在其他时间观看录像，其他人再看到的就是录播而非直播。

（三）高校"思政慕课"构建之路径

1. 充分发挥公共图书馆在融媒体大数据时代的作用

"思政慕课"就是融媒体互联网时代和主阵地、主旋律的思政课的有机结合。在融媒体时代，人人有终端、处处可上网、时时有连接、物物可传播。图书馆在融媒体时代起到信息源的作用，应当对接当前"思政慕课"，将图书馆中关乎人类智慧结晶的馆藏资源用于"思政慕课"中，比如将传统文化诸子百家的馆藏资料用于"思政慕课"中的中华民族传统美德的部分；将抗日战争、解放战争的馆藏资料用于"思政慕课"中弘扬中国革命道德部分，或者在课堂中加入相关联的图书馆或者电子图书馆资料链接。其中，高校图书馆在"思政慕课"中发挥的作用是精英教育的模式，其教育对象主要为大学生；而社会公共图书馆则在"思政慕课"中发挥大众教育的模式，主要针对社会公众或者全民思政教育。

2. 增强学生"思政慕课"的获得感

思政课本身的特点在于其与现实紧密相连，承载着将党中央重大理论创新传播给学生，武装学生头脑的作用。然而，这些"大而严肃"的内容与学生碎片化、娱乐化、融媒体化的阅读方式是具有冲突的。这就需要"思政慕课"在传播好这些理论的同时，关注如何有效传播。慕课的方式由于借助互联网或者移动互联网，已经从形式上使学生放下了被"说教"的戒备心理，如果再借助慕课中的视频加入一些动画或者访谈的形式，让学生从"思政慕课"学习中会切切实实地获得深刻生动好玩又有用的理论，学生的"思政获得感"就会增强。比如 2018 年 5 月是纪念马克思诞辰 200 周年的日子，在很多融媒体公众号中就出现了接地气的对马克思内容的宣传，还配有网络语言的话语表达方式描述和一些卡通图，如求是网公众号的《如果马克思穿越了……》和《马克思是对的》、人民网公众号的《给 90 后讲讲马克思》等。学生愿意看，看后又觉得增加了对马克思主义的了解，有"获得感"。如果一些马克思主义基本原理"思政慕课"能够加入这些素材，配有教师具有理论功底又符合学生话语习惯的讲解方式，就必然会增强学生对这门课的"获得感"。

五、互联网环境下高校"云课堂"的构建

（一）云课堂教学的特征

信息时代教育改革的第一步就是要改变当今教育系统的结构。也就是

说云课堂教学要改变传统教学系统中的四个要素的地位。

1. 教师角色多元化

教师是具有多元化角色的职业，被赋予了很多期望行为，整体来说教师的多元角色包含了教师的实际角色和期待角色。由于目前信息时代的发展和教育的发展，云课堂教学逐步成为课堂教学不可分割的一部分，成为学生生活、学生个性化学习、教师备课、师生交流的一个必不可少的工具。云课堂教学个性化的学习方式得到了普遍好评，也让教师的角色定义发生了改变，主要表现在以下方面。

首先，在教师的角色上，人们开始注重加强教师学习指导者和促进者的角色身份。学生在利用云课堂教学平台的教学视频进行自学的过程中，可能会遇到很多的问题需要与教师沟通，这就要求教师要充分发挥学习指导者的角色，利用课下时间对学生进行耐心的指导，加快学生养成自主学习的习惯。云课堂教学具有很强的互动性，教师需要充分运用云课堂教学的这一特性开展合作与探究学习的实践活动，不断激发学生的学习热情，指引学生的学习与合作方式，促进学生进行个性化学习。

其次，在教师的角色上，更强调了教师作为线上学习心理辅导者的角色定位。教师通过云教学课堂多了另一种角色，就是线上学习心理辅导员。学生课程前的预习、课中的练习，以及课后的个性化学习都需要教师引导。要想让学生融入这样的虚拟课堂中，就必须要从心理上让学生接受，因此，心理建设变得尤为重要。比如在云课堂教学中，有些学生对于线上互动的学习方式出现不适应的问题，或者一些学生过于依赖线上的学习方式和交流方式，开始出现社交恐惧心理。要对学生进行定期的心理辅导和有针对性的心理建设。

最后，云课堂教学让教师也获得了校外声音的倾听者的角色。云课堂教学让教师不仅能够听到课外学生的反馈，也能听到一些来自校外学生的反馈或心声。所以教师就获得了校外声音的倾听者的新角色。在教师听到这些来自校外学生的反馈或问题时，教师需要及时对学生的心声进行回应，因为帮助学生有效解决问题是教师义不容辞的责任。这样的共享方式和交流方式，也为学术交流和教育发展提供了良好的土壤。

2. 学生个性化和终身化学习

随着社会的发展，教育者越来越认识到素质教育的重要性，也意识到了每个学生都有不同的认知方式，差异化教学才能让学生获得更好的发展，同时也能够增强他们的创新能力。所以一直以来，教育工作者都在为个性化学习而努力，云课堂教学的出现，改变了以往教育工作者在这方面探寻上的艰难困境。云课堂教学真正从尊重学生个性化学习的角度出发，多元的服务模式和资源共享及师生互动，都符合学生喜欢的个性化学习方式。比如云课堂教学在知识呈现方式上灵活多变，充分适应了不同学生的信息加工习惯，丰富的视频资源增强了学生的学习动机，弹性化的学习步调更适合普通高等院校学生的学习。云课堂教学资源也有利于学生拓宽学习空间，树立学生终身学习的观点。

3. 教学内容具有丰富性和开放性

云课堂教学通过信息技术让课堂教学变得有趣味性，也让学科知识呈现的方式更加能够满足不同学生的需求，增强了学习个性化的建设。同时，云课堂教学平台的开放性也更加有利于学生的个性化学习。无论本校学生还是其他学校的学生，都可以通过这样的教学平台进行自主学习，更加推进了学科教育的发展。

4. 教学媒体辅助学生线上学习

第一，教学媒体可以辅助学生进行主体性学习。在线下课堂，教师也可以运用云课堂教学平台对学生的学习进行辅助指导，提高学生的参与度。这样就实现了教师无论在线上还是在线下都可以对学生的学习进行辅导。并且在线上辅助学生时，更加有助于学生自我教育意识的激发，提高自己的约束能力，促进个性化学习。

第二，教学媒体为学生提供了多样化的学习体验。学生在运用云课堂时，可以体会到不同于传统课堂的感受。相较于传统课堂，云课堂广泛获得了学生的喜爱。在云平台，只要轻轻一搜，各个学科的各种资料和文献都可以查得到。方便快捷的资源查阅，让学生更加喜欢上自主学习，也更容易让学生在云平台中与其他人进行学习交流和提出自己的观点，更加促进了个性化学习的发展。

第三，在云课堂教学中，教师可以充分利用云课堂教学的交互性特征，开展分组讨论和虚拟生活情境的实践学习，让学生感受到云平台的现实性，防止学生出现过分依赖线上平台课堂而忽视了线下课堂和实际生活的情况出现，帮助学生正视云课堂教学的作用和意义，正确运用这样的开放平台，避免一些心理问题的形成，改进学生对云课堂教学的认识。

（二）云课堂的作用

云课堂的出现符合教育发展的趋势，而且打破了传统的教育方式，不受时空限制与学习方法之间的限制，让学生和教师都可以将书本内容和实际生活联系在一起深入互动，为思政的教育发展做出了很大的贡献。

1. 丰富了教学内容

在我国现阶段的云课堂实行中，数字教材成了目前传统教学课堂中的宠儿。在教学课堂改革当中，如何通过云课堂平台和传统课堂结合，来形成适应学生"需求"，也在教学目的和教学内容范围内的教学方式是教师一直探索的问题。首先对于纸质教材和数字教材的性质和优势，教师就展开了充分的认证。最终得出的结论是，纸质教材是数字教材发展的基础，数字教材则可以在发挥纸质教材作用的基础上，促进纸质教材的内容得到更多学生的认可，也可以供学生根据自己的喜好进行个性化学习。数字教材在一定程度上也为学生的书包进行了减重。

2. 提高了课堂教学的实效性

在用云课堂进行教学时，教师可以在课后或者在课中为每位学生发习题，让学生来作答。每位学生的完成结果都会在教师的客户端有所显现，这样实时地对学生进行考查，也方便了教师针对学生的难点进行解答。这种方式具备超高的实时性，规避了之前在课堂中学生都反馈很好，但在真正实践操作上却有很大出入的问题，非常有利于教师及时调整教学策略，提高了教学效果。

3. 提高师生课堂内外的互动

要想让学生提高云课堂学习的有效性，首先，教师必须要创新教学方式，让学生充分利用云课堂教学模式与教师进行沟通。教师在了解了学生的需求和心理后，结合教学内容来创新教学方法，让学生得到激励，开始主动努力进行云课堂的学习。一定程度上来说，云课堂教学也为教师的教学创新提供了很多便利。翻转课堂教学模式就是很成功的一个创新教学模式，教师不妨多多尝试翻转课堂教学模式，并且在教学过程中不断总结经验，创新出更适合自己所教学生的翻转课堂教学模式。翻转课堂教学模式可以从课前、课中到课后实现师生之间的交互，极大地活跃了师生课堂内的互动和课下的交流。其次，云课堂辅导教师团队的建设和组建。云课堂的出现也增加了教师的工作量，所以教师要组建一个专业团队来协调工作，减少个人的工作压力，大家一起协同合作，共同完成好教学任务。团队既能够帮助学生有效解决问题，促进他们的云课堂学习能力提升，又能够让每个教师的压力都得到缓解，促进教师和学生的双重发展。

4. 激发了学生学习思政的兴趣

在传统课堂中，教师都明白教学效果的好坏与学生的反馈是成正比的。如果在课堂上学生没有对教师的讲述有任何的反馈，那么这节课就是失败的。即使有一定的教学效果，但必定不是对每个学生都产生了共鸣的。尤其是面对如今有着互联网思维的学生，他们更加崇尚自由，更加喜欢新鲜的事物，这样就不能再延续以往刻板的教学方式。云课堂可以充分调动起学生的热情，让学生对思政课开始感兴趣。兴趣是一切学习的开端。并且人本身对于图像的感知更加直接，这也就让云课堂更能吸引学生的注意力。通过丰富资源的影响、激发学生强烈的求知欲，从教学生学，到引导学生自主学习，一方面减轻了教师繁重的教学压力，另一方面也让学生更喜欢、接受这样的授课方式，可以说是一举两得。

5. 提高了师生合作学习的能力

思政课堂也同其他教学专业课堂一样，始终都要以学生为主体。云课堂的出现也充分帮助教师抓住了这一点。云课堂改变了传统的学习模式，即先通过教师的讲解，再来学习。云课堂先让学生来进行自主学习，再让教师加以辅导，大大增强了学生提出问题、分析问题和有效解决问题的能力。而学生先进行学习不代表教师不需要做任何的管理工作。教师需要引导学生提前了解学习内容，组织学生对新的课程进行讨论。云课堂在减轻了教师对复杂知识点教授的难度外，也对教师是否能够多与学生交流，多将精力放在学生身上提出了考验。

（三）思政课堂教学引入云课堂的路径

1. 完善学生监督机制，关注学生学习心理

教师要想强化学生云课堂学习能力，首先就要建立起完善的学习评价

制度，对学生自主的学习进行考核和监督，促进学生自主学习能力的形成。目前很多普通高等院校的云课堂之所以效果不尽如人意，都是因为缺乏评价和监督机制所导致的。学生的自制力不提高，云课堂的作用就不能充分发挥出来，当然也就没有学习效果可言。所以教师要建立起一个严格完善同时又人性化的监督管理机制，在保证学生可以进行学习的同时，也能够让学生感受到云课堂带来的欢乐，让学生开始真正喜欢加入云课堂的自主学习当中。在长期的自主学习当中，学生的自制力就会显著提高。在具体的建立方法上，可以采取为学生建立电子档案考核的方式，将学生的实时学习动态和数据都做详细统计，对学生进行考核，督促学生自律学习。

除了建立完善的监督制度外，对学生进行心理教育非常重要。针对学生的心理问题进行在线辅导，帮助学生从心理上对云课堂产生认同，并且关注学生的心理健康，鼓励学生多向教师进行在线心理咨询，促进学生用良好的心理状态来投入学习中。

2. 提高和培养教师信息化能力

考虑到教师对云课堂的接受程度和接受能力不同，为了教师都能在短时间内掌握云课堂教学，对整体教师队伍进行云课堂教学培训是最可行的办法。一方面，在培训当中，可以通过专业人员的讲解来培养教师的网络技术知识；另一方面，现在对教师的培训都有专业的技术手册，所以教师在培训之后自己也可以通过手册来进行学习。教师在掌握了基本的云课堂操作方法后，可以根据自身的学科来对云课堂的使用进行整合处理，根据自身的学科特点和教学目标来进行教学设计。在教学设计上要做到：第一，选择适合云课堂呈现的教学内容，在云课堂的使用中，教师需要学会通过云课堂的平台来获取丰富的教学资源，再将这些丰富的资源进行整合，制作成PPT或者是视频来方便课堂教学使用；第二，灵活运用云课堂教学形式，在传统的教学课堂中穿插进云课堂的教学形式，促进学科教学目的的快速达成；第三，要通过云课堂对学生的学习进行客观性评价。只有做到这三点，才能让教师在掌握了云平台课堂的教学技术后，运用云平台教学技术增强学生对云课堂的适应能力，帮助学生通过云课堂树立自主学习的观念，并且养成自主学习的习惯。

3. 及时反馈和评价

反馈评价无论是在思政课堂中还是在其他专业课程中，都是十分重要的一环。这是教师教学成果的关键体现，也是对教师工作成绩的一种肯定。而要想将教学工作做到更好，就需要教师在反馈当中多注意观察学生的态度，并且对在云课堂中收集到的反馈信息都仔细查看，仔细钻研自己哪里需要改进，哪里做得比较好，做到心中有数。不断改进自己的短处，发扬自己的优点，才能把教学工作做得更好，才能让教学效果更好，培养学生树立正确思政观念，同时在不断地教学探索中，为普通高等院校思政教育的发展贡献出自己的力量。

云课堂平台中有很多强大的功能，也许有时候会被教师所忽视，但其实这些功能都有很大的作用。比如云课堂的广播、资源推送、分组讨论、在线测试、反馈评价这五大功能相互作用，刚好可以有效解决在传统思政教学当中师生之间缺乏交流、互动不够的问题。同时凭借线上的便利，教师可以随时随地对学生反馈的评价进行回复，也可以随时随地对学生的作业或者习题和作品进行评价，让学生和教师之间的距离缩小。直接的评价能够促进学生的发展，学生直接的反馈也能让教师明确教学改革的方向。只有更清楚学生心中的难点问题，教师在讲课时才能更具有针对性。而因为教师讲的都是学生想要了解的难点，也就吸引了学生的注意力，二者之间就得到了充分的互动，也充分促进了二者的双向发展，有效促进了思政教学课堂的实效性建设。

比如在期末的复习课上，以往在复习课上学生都会很匆忙地记录考点和重点。而一般来说思政课堂的班级人数都非常多，一些学生可能听不清教师讲解的内容。云课堂就改变了这样的情形。教师可以在复习课开始之前就将所有考点和重点都发布出来，让学生提前了解，在课堂上主要为学生对一些重点和难点进行再次的讲解，加深学生的印象即可。这样学生可以更好地理解重难点，改变了学生以往思政课考试都是死记硬背知识点而没有任何个人理解的情况。而且在课下或考前，如果有学生对难点不理解，也可以及时与教师沟通，教师也可以在讨论小组里和学生充分讨论，加深了学生对思政课的重视。

云课堂的加入，不仅仅是改变了思政教育的教学方法，也促进了思政教育的发展，为思政教育的发展指引了一条明确的方向。云课堂优化了教学方式，提高了学生的学习热情，也让教师可以及时接收到课堂反馈加以改进，为加强学生的思想建设提供了一个良好的平台。

4. 绘制思维导图

思维导图对所有教师来说并不陌生。思维导图可以很清楚地看出各个层级之间的逻辑关系，因此，很多教师都热衷使用它。而思政教育本身知识点繁杂，在每个章节讲完之后，教师都会为学生列出一个清晰的思维导图来帮助学生将知识点捋顺。在传统课堂中，很多学生虽然记下了思维导图，但还是会在一些难点上存在不理解的情况。云课堂就帮助这些学生有效解决了这个难题。学生可以通过云课堂，在手机上查看到思维导图的详细讲解和说明，必要的时候还可以查看详细的语音讲解和视频讲解，这样能够更直观地帮助学生来理解这些问题，也在很大程度上提升了学生对知识结构的构建能力。比如在"毛泽东思想和中国特色社会主义理论体系概论"的课程中，在为大家讲解中国特色社会主义理论体系框架时，教师就可以在云课堂中提前推送一张自己构建好的思维导图。然后将讲解思维导图的具体视频都上传，留作学生之后查看之用。尤其在期末考试时，思维导图对学生复习起到了关键的作用。每章节的清晰思维导图，会让学生更容易总结以往的知识点，真正做到系统掌握思政观点和体系，对成绩提升有很大的帮助，并且这样也锻炼了学生的逻辑思维能力。

与此同时，对于一些探究性较强的教学内容，教师在预习阶段可以将学生分成六个小组，由每组成员共同探究，合力在新课前利用手机完成思维导图的构建，并在课堂上将每组的成果通过云课堂技术平台，直观地在同一平面上展示出来，让学生自己比较并评判优劣，最后由教师来总结。这样，不仅能够调动学生学习的积极性，久而久之，通过这种方式的训练，也大大提高了学生把握课堂的重点知识和框架脉络的能力。

5. 整合教学资源

云课堂促进了课程改革的加速，也让思政教育资源不足的情况得到了充分的缓解。云课堂海量的授课资源和学习资源让师生都得到了极大的便利。同时在思政云课堂上的每个人都是资料的拥有者和贡献者，这样更能让学生感受到自身的价值，也让全国的思政教学资源得到了平衡。而通过云课堂激活学生的思维，调动学生的积极性，让思政课堂动起来就是教师需要做的工作。能否做到让课堂动起来，主要就看教师能不能将这些丰富的资源有效整合起来，将云课堂的作用发挥到最大。良好的整合能让学生产生良好的学习效果，培养学生终身学习的观念，也能让教师更好地达成教学目标。

比如在讲"中国特色社会主义理论体系概论"时，可以让学生通过云课堂来查询与中国特色社会主义理论有关的实践理论，让学生学会整合手中的各种资源来进行发掘思政理论的重要性。这样不仅传授了理论知识，也相当于让学生做了一次实践活动。

第五节 完善高校思政协同育人教育途径

一、青年在协同育人发展中的重要作用

（一）"朋辈教育"影响

从群体社会学的角度出发看待大学生个体之间的相互影响，"以身边人示范身边人，以同龄人影响同龄人"。当代大学生群体是一个具有年龄相近，共同的价值观念、兴趣爱好相同等特点的同一个社会群体，在其中开展并重视"朋辈教育"是高校育人的重要契机之一，寻找、联系其中的"优秀分子"，充分结合他们的优点和长处，发挥其积极的影响和作用。青年大学生党员在大学生中具有先锋模范的带头作用，在一定程度上，大学生群体在相互激励、相互帮助、相互促进的过程中可以更好地实现自我教育和自我提升；还要重视高年级学长学姐的正确帮助和引导，使低年级新生适应大学生活，并在日常学习生活中有所倾诉。同龄人之间的"朋辈影响"作用远大于家长和教师所产生的影响，通过把握青年大学生群体，发挥朋辈互助教育的影响，不仅可以培养其榜样精神，增强自身责任感，还可以凝聚集体力量，加强团结。"朋辈教育"体现了"以人为本"的育人理念，有利于建立健全全员、全过程、全方位育人的机制，推动了高校党建工作的开展，更有利于高校思想政治工作的实施，从而为二者协同育人提供了新的思考角度。

此外，在开展高校学生思想政治教育时也可以结合学校实际情况实施"学长制"。"学长"，初步分成"学业学长"和"生活学长"。学业学长：在高年级学生中选择学业优秀、社会工作优秀、时间管理能力强和自我规划清楚的学生担任，由高年级辅导员推荐，在新生管理和教育中帮助辅导员开展工作。生活学长：在心理协会中选择素质拓展组织能力强和朋辈咨询能力强的学生担任，由指导老师推荐。选拔出来的"学长"都能够与新生建立亲密、互相信任、融洽的同学关系，并肩负带领新生遵守校规纪律和尽快适应大学生活的重任。经过选拔和培训的"学长"，对新生开展指导、帮扶、引导、教育，尽量使新生刚入学的适应期能够尽快地度过。"学长"可以运用灵活的工作方式：帮扶、顾问、朋友、教练或只充当一个生活上的伙伴。据目前调查来看，如果要在大学教育的适应性帮助作用问题上对"学长"做出一个评价，绝大多数的学生认为"学长"对其影响较大，这说明无论在纪律养成方面、工作生活方面抑或是专业学习方面，新生对"学长"的正确引导作用是认可的。"学长制"的精髓在于通过高年级中的优秀学生参与到学生管理当中来，并与新生实现平等的精神上的良性互动，实现横向交流、纵向管理的教育管理目的。

"学长制"是通过朋友、同辈身份对大一新生提供学习、生活和心理等方面有效的合理引导和帮助，并及时准确地发现新生中出现的问题并解决问题。其优势表现为：它可以帮助大一新生快速、高效地破除心理障碍，协调同学关系并解决生活困难，进行学业指导和专业介绍等。辅导员和同学间的桥梁是"生活学长"，"生活学长"需要精挑细选，要由接受过初级心理知识和危机处理方面知识专门培训的高年级同学充当朋辈心理辅导生的角色。由于是同龄人，又善于洞悉新生的心理，容易让新生产生信赖感，成为新生倾诉的对象，有利于及时掌握新生的基本情况、心理状况等信息，使工作更有针对性。面对和高中的学习方法和形式有很大差别的大学，新生对于学业的困惑和迷茫会增加，对于探究型、创新型学习更是知之甚少。

"学长"一方面通过自己的专业学习经验，用专业的魅力打动新生，与新生针对专业的学科特点与地位进行交流，让新生了解专业优势，使其产生强烈的学科归属感，产生学习的动力。另一方面，"学长"通过自己大学不同阶段的学习体会，引导新生发现自己的职业兴趣、寻找职业理想、合理规划适合自身的，具有个性化特点的学业生涯，并根据自身的发展情况对规划做出修正，朝着确定的目标努力。目前高校"学长制"已经积累了一定的经验。在此基础上，在相关校领导的指点下，高等学院在实施"学长制"时，可以挑选部分人品好、能力强的学长以志愿服务的形式担任辅导员助理，协助辅导员处理新生入学阶段大部分的事务性工作。

（二）青年党员发挥自身优势

优秀青年及大学生党员在高校中具有积极带动作用和深远影响，可以通过这一重要模范角色，推动大学生党建工作和高校思想政治工作协同育人的实现。从年龄的划分可以看出，大学生党员和青年党员干部曾经都是青年大学生，他们通过自身的严格要求和努力学习成为党组织的一员，与一些资历深厚的党员干部或是教师相比较，更容易为自己的同龄人设身处地的思考，这也正是青年党员的一个明显优势。在大学生面临一些难题、困难的时候，青年党员因为自身与被管理者年龄相仿，在思想上和行为上有许多的相似处和共鸣，所以可以在关键时候给予其更具针对性的意见和建议。具体来说，在高校中一般是由各年级、各院系的辅导员负责思想政治教育工作的开展，因此，可以委任优秀的大学生党员或是通过委任高校基层党组织中的青年党员干部，来协助辅导员工作，负责各院系相关的思想政治工作的监督、测评等工作。在遇到一些关于管理大学生的问题时可以给出自己的想法建议作为参考，再根据实际情况和学生的个人情况整理出解决方案。

二、创新协同育人体制，提高育人成效

（一）党建工作引领协同育人体制

高校思想政治工作之所以能够长期发展就是因为始终坚持党的全面领导，培养大学生学习并贯彻党的先进思想理论和指导内容，使其成为中华民族伟大复兴的建设者和接班人是高校的核心任务和目标。而在这一漫长过程中，高校思想政治工作的核心内容就包括了要求大学生对中国共产党工作纲领和方针的了解和掌握，因此创新、完善二者协同育人体制要坚持

党的领导为基础。高校思想政治工作是党的思想在教育领域的覆盖和渗透，同时也是党建工作在高校总的重要组成部分，也是中国特色社会主义教育事业的独创形式。

一般来说，高校党组织作为高校工作开展的领导机构和部门，引导了高校教育事业的发展方向和培养任务，其作风建设和工作方式也必然遵循我党内部的作风建设准则。所以可以看出党建工作对大学生思想政治教育工作的引领作用还体现在要坚持以党的作风建设为范本，高校党组织也应该时刻明确"四个意识"，立足"四个全面"，以中国共产党的作风建设准则来严格要求，不断促进高校党组织工作方法、工作结构等的创新和完善，将党的先进性通过思想政治教育，实现对高校工作的全面覆盖。也只有领导部门拥有正规、严肃的工作作风，才能为教师和大学生树立榜样的作用，建立起严谨的工作制度，真正引导高校工作的开展。

（二）监督管理保障协同育人体制

科学的评价机制可以从根本上保障高校思想政治工作与大学生党建协同育人工作机制的建立和正常运行。科学的评价制度与机制既要重视大学生的主体性及个别差异，又要重视大学生的自我评价，从而对评价结果、方法和内容进行管理和监督，防止片面、主观、形式化的评价产生。客观、科学的评价绝不是一成不变的，既要注重评价的主体和方式的多样性，又要关注大学生思想和心理成长的变化，注重学生本身的发展潜能，要在科学评价的基础上建立监督管理体制，来应对大学生思想和心理发展情况的变化。高校思想政治工作与大学生党建协同育人工作机制的效果取决于对大学生的内化程度，同时，大学生的自我评价可以侧面体现出内化的程度。大部分大学生处于青年时期，具有较强的自学和自主能力，如果能够通过大学生的自我评价内容和方式来更好地了解他们，使教育引导他们对自身有清晰的认识，从而发现不足自觉地改正和学习，加强内化作用，这也正是在评价体制上加强监督和管理的作用。

要从制度、体系、队伍等方面入手推动大学生党建工作和高校思想政治工作协同育人发展，多部门、多方面、多主体产生协同育人效应。大学生党建工作和高校思想政治工作除了目标一致，在指导思想、相关工作内容方面也具有高度的协同育人意义，促进二者协同育人发展，不仅符合科学全局发展要求，更是遵循习近平新时代中国特色社会主义思想指导的必然结果。所谓协同育人、合作并进，具体是指在党的统一领导下共同开展"三全育人"工作，实现"立德育人"的总目标。新时代高校思想政治工作和党建工作面临发展机遇，也迎来严峻挑战，以习近平同志为核心的党中央不断做出新决策，从各方面入手为高校全面实现立德树人总目标奠定坚实基础；同样也正是因为新形势下各种困境的考验，二者的协同育人意义尤为重要，通过思想政治教育的开展实现党建工作对大学生的凝聚力和指导力，但是就目前实际情况来看，推动促进二者协同育人仍然是一项艰巨且长期的任务，不仅要求高校党建工作者和思政教师队伍在当下新的历史时期迎接挑战、克服困难，从坚定党的指导思想入手，针对高校的工作理念和体制及思想政治教育的主客体、方式方法等方面，加强协同育人发展意识，在高校立德树人工作的开展过程中，各方各界从每一个工作环节都实现协同并进，共筑新时代思政协同育人机制。

（三）完善制度细化协同育人体制

建立高校思想政治工作与大学生党建工作协同育人机制，是由不同职能部门相互协作、共同促进的过程，不仅需要分工明确更要有制度建设保证协同育人的实践。但在实际中，协同育人工作仍然存在意识不够、体制不完善、资源不充足和实践探索不到位等问题，需要通过明确目标、制订计划，才能实现具体实施，这就要求高校各部门在加强协同育人理念的前提下，制订并完善相关协同育人制度，将协同育人工作的任务、目标，以及标准具体化，明确地写入制度中，具体来说，高校相关部门对现有的工作制度加强梳理和细化，将责任分工与各部门关系细致地写进相关制度，确保在二者发挥各自功能前提下完善协同育人工作制度，保证两者的相互融合、共同发展都有依可循，从而实现高校育人体系的功能最大化。

（四）加强多方面共同参与协同育人机制的建设

协同育人背景下的高校思政教学需要多个方面共同合作努力，高校必须建立协同育人机制，必须发挥好多个方面的力量。

第一，高校要发挥好领导层的核心作用，做好顶层设计，加强责任制度的完善和落实，做好对各个教学环节的统筹工作，特别是要做好各项教学资源的分配和调动，为营造良好的协同育人氛围奠定扎实的基础。第二，高校要发挥好各个部门之间的力量，比如要协调好党团组织、学生社团等部门之间的合作，结合学生当前成长需求将思政教学融入不同的教学实践活动中，比如可以将思政教育融入社会服务、校园文化建设活动当中，借助实践活动提升学生的思政水平。在协同育人背景下，关于学生的思政教育不能局限于课堂教学，还需要延伸到课外，因此家长及社会都应当协助高校共同开展思政教学，构建学校、家庭、社会三大联动的机制。在新媒体时代，学生获取信息的途径越发广泛，所获取的信息也越来越多。但是社会上传播的信息良莠不齐，一些不良信息容易对学生的学习和思想造成不好的影响，因此学校、家长及社会应当共同承担起学生"三观"的引导工作，如家长要及时了解学生的思想变化，积极和教师沟通，协助教师及时纠正学生存在的错误倾向等。社会上各个职能部门要发挥好社会服务作用，完善网络使用制度，为学生营造更加干净的网络环境。为了更好地加强学校、家庭和社会之间的联动，高校可以构建思政协同育人平台，借此强化育人效果。在育人平台上，学校可以将思政课堂内容、教学情况等内容进行展示，家长也可以在留言模块提出对当前思政教学的建议，社会相关部门可以在育人平台上及时推送相关教学热点。构建协同育人平台，整合多方面的教学资源，增强思政教学效果。

总而言之，做好思政协同育人教学，对于提高学生的思政水平起到了重要的促进作用，但是协同育人机制的构建，对于高校和教师都是一个较大的挑战。高校要引导教师树立正确的协同育人观念，改善教学方式，制订完善的协同育人机制和教学考核制度等，共同发挥好多个方面的力量提升思政教学水平。

第六节　加快高校思政师资队伍水平建设

一、提高思想政治教育工作者的"互联网+"应用水平

教师队伍要能够娴熟地运用网络，设置教师队伍的初衷就是使教师教书育人的功能得到最大程度的体现，而这一目标必须要通过提升教师运用网络技能的水平得以实现。在教学领域尚未被网络覆盖的年代，教师的专业水平和职能技能应付传统教学活动绰绰有余，所以当时并未体现出改善教师职业技能的必要性。

自从网络成为社会发展的一部分后，教育领域也感受到了"互联网+"的驱动功能，教学活动的开展对网络的依赖性也不断提升。网络平台能够以影像资料这种直观且形象的方式展现教学内容，而且方式新颖，不仅可以达到预期的教学效果，还能保持学生注意力。也正是因为如此，"互联网+"教学模式才会迅速传播，得到广泛应用。然而个别教龄比较长的教师却思想守旧、落后，不愿意接触"互联网+"教学模式，所以即便其教学经验再丰富也无法达到预期的教学效果。针对此种现象，高校教师特别是教龄比较长的教师应该积极反思，准确把握社会趋势，主动接触和了解新事物，比如尽快掌握计算机基本操作方法，教学中引入信息化设备和软件，以早日熟练运用"互联网+"模式开展教学活动。当理论内容有所更新时，要第一时间加以研究，若仅凭自己现有知识和技能无法驾驭新的内容时，要学会利用互联网的方式搜集资料、数据，提炼有用的信息，使自身的专业理论水平得以提升。当然这些目标的达成都离不开高校的支持与帮助，高校应该为教师学习新教学知识和技能提供平台和条件，使各个层次的教师都能实现个人进步。

比如通过心理疏导、定期谈话等方式提高大龄教师接受新鲜事物的程度，这样才能保证针对教师的技能培训活动得以顺利开展，尤其是使用和应用互联网方面的培训。网络对于年轻教师而言早已不是新鲜事物，而且

他们已经掌握了网络与教学融合的诀窍,但这部分教师可能会因为欠缺教学经验而无法获得理想的教学效果,所以对年轻教师要开展理论方面的培训。各个层次的教师接受了相应的培训和学习之后,便可拥有较高的网络技能运用素养和创新水平。

此外随着移动互联网的快速发展,各行各业的人士都重新学习掌握新技术。在高校中,移动互联网的普及程度更是大于整个社会的普及程度,而思想政治教育者也应该紧跟时代发展,拓展自己的业务水平。

高校要积极开展移动互联网培育工作,与互联网公司合作,定期组织教育人员进行技术培训,更新思想政治教育者的观念,同时让教育者可以将移动互联网有效运用到课堂当中。这种培育相对来说周期较长,但是具有长效性。另外也可采取技术人员与思想政治教育者合作的方式,可以较快地投入使用。高校可以结合实际情况,组建专业技术团队,由有计算机背景的专业人员与思想政治教育理论专家共同作业。根据移动互联网时代思想政治教育规律,有效实施资源整合,促进思想政治教育的创新发展。在语言表达、视频呈现、理论讲解方面,更加符合当下大学生的兴趣,实现主流意识形态教育达到相应的效果。

二、加强辅导员队伍思想政治培训建设

高校辅导员集教育引导、管理分配、服务学生等多元化职责于一身。随着教育事业的不断发展,新时期、新形势对辅导员队伍的培训建设有了升级化的高标准、严要求。

(一)确立人才本位的培训理念

自古以来,人才资源一直是各个行业争抢博弈的主要资源之一,确立人才本位的培训理念是确保行业发展的第一要义。重视人才资源、加强人才的内生(内部培训)与外引(扩大招聘)是市场竞争的迫切要求。人才本位的培训理念,不是简单的基础知识的填鸭式灌输、短期单一技能的文本培训,而是要求辅导员培训组织构建一个长期的、有效的、有体系的培训机制。

（二）建立双向统筹的培训机制

培训部门要充分履行辅导员系统培训的牵头抓总的职能，践行集体调训与个体培训的双向统筹培训规划。一方面，要充分做好基层参加培训辅导员的信息征集工作，做出有预见性的培训指导思路，在培训周期、培训班次、培训内容和人员集中选择上做好妥善的统筹分配工作，强化宏观管理，规范双向统筹标准，严格执行计划；另一方面，要允许学院及辅导员本人以正当理由适当选择参训班次、时间、形式等，让被培训部门及个人有一定的自主空间。实行辅导员个体需求与社会集体发展、工作实际需要相结合的培训机制。

（三）更新现代科技的培训方法

引入现代科技手段，不仅包含设备层面的更新换代，还涵盖培训时间、培训空间、培训形式等多层次的培训方式的更新。一方面，充分发挥新时代科学文明与通用技术的功效，结合网络传输、多媒体设备、远程监控、电化教学等通用的新方式方法，最大限度地突破时间、空间对于辅导员培训教育带来的局限，解决在职辅导员与求学心理的冲突矛盾；另一方面，在现有专题讲座、名师演讲等教学模式基础上，更新培训方式，引入个案分析、场景模拟、小组讨论等新颖途径，丰富授课形式，着重结合辅导员工作生活中的实际情况进行有针对性的分析与研讨，把传教解惑、自思自省、互动互助等行为引入课堂，充分提升辅导员老师的积极参与度与灵活创造力，以达到更切实的学有所成，为学生服务的效果。

（四）丰富细致全面的培训内容

目前，高校在培训授课方面普遍存在内容覆盖面相对小、涵盖知识相对少、涉猎广度相对窄等问题。丰富辅导员队伍培训课程的内容，将培训内容细致化、层次化、具体化是一项亟待解决的问题。可以采取如下有针对性的具体措施。

一是对缺少基层工作经验的新辅导员，采取"老带新"模式，增加实践教学内容，遇到突发事件和多发事件，要求老辅导员必须"一带一"进行现场指导，帮助新辅导员尽快进入工作状态，了解学生工作实际；二是对有一定发展潜力、近期可提拔的老辅导员老师,要注重提升他们的政治修养与文化素质,可以构建能力提升培训模块,如决策力(decision power)模块、领导力(guide power)模块、影响力(influence power)模块、创新力(innovation power)模块等内容,进行综合性的全方位的领导能力提升,有针对性地进行培训,建立全新的辅导员领导干部能力培训课程体系。

(五)加强辅导员专门人才的培养力度

我国目前并没有一个对应辅导员工作要求而设立的大学专业,去培养辅导员的专门人才。大多数高校在招聘辅导员时也并不限制辅导员的专业,这就造成了新晋辅导员在扮演角色的初期无法深刻地认识角色期望,也就不可能很好地完成自身的角色领悟,这就成为辅导员在角色领悟中的先天不足。强大的学科支撑,连贯的人才培养路径是专门人才培养的一个决定因素。辅导员最初的职业角色为"政治引路人",因此,思想政治教育学科作为其学科支撑有其历史性和必然性。但随着时代发展,辅导员的角色从单一角色到九个角色,思想政治教育学科的支撑是否足够?是否在时机成熟时可以将辅导员工作发展为学科的一个专业方向?辅导员工作专业方向是不是社会学、心理学、思想政治教育学科的交叉学科?这些都是辅导员是否能够深刻领悟自身角色需要解决的源头问题。

与此同时,辅导员博士培养作为辅导员高级专门人才的重要培养途径,应该在学术上、实践上为博士生创造良好条件,高校亟须一批既熟知辅导员职业相关的理论知识,又熟悉辅导员实际工作的博士生导师,来加强辅导员博士的培养力度,让理论走出书本和辅导员的工作实际紧密结合。高校要为博士生提供担任低年级学生辅导员的工作机会,让他们在实践中研究理论,创新理论,推动学科和专业的发展,同时也加强了辅导员整体的角色领悟程度。

(六)建立职业准入制度,把好辅导员的入口关

实现辅导员工作注册制,把好辅导员工作的过程关;完善各级培训制度,加强对辅导员的培训力度。在辅导员入口处建立必要的职业准入制

度，可依据《高等学校辅导员职业能力标准（暂行）》[①]的知识范畴进行专门考试，通过后才能取得执业资格证书，只有有执业资格的辅导员才能参加高校辅导员的选拔任用，让他们在成为辅导员之初就能充分知晓自我角色。采用全国统一的辅导员工作记录，让初级、中级、高级的辅导员工作年限有权威的机构进行记录和认证，使辅导员的管理过程实现统一化和规范化，并针对不同工作年限的辅导员进行不同程度的角色领悟方面的培训。加强对辅导员科研项目和访问学者的支持力度，让更多的优秀辅导员在工作实践中接受高水平的学术指导，提高角色领悟水平，提高学术能力。加大思想政治教育工作专项博士的招生力度，让更多的优秀辅导员接受系统的学术训练，成为辅导员学术研究的先行者，推动辅导员整体角色领悟水平的提升。扩大辅导员短期国内外交流和短期培训的覆盖面，交流学习机会应更多地向独立本科院校辅导员和高职高专院校辅导员倾斜，让他们能够在繁重的工作中进行学习交流，更好地提高他们的角色领悟水平。

（七）提高角色期望、角色领悟、角色实践的内在一致性

辅导员面临着角色期望的多样性、角色领悟的不充分性和角色实践的繁重性等角色建构的困境。社会学角色理论认为，角色期望将决定角色领悟，角色领悟的程度又决定角色实践的情况。但是由于辅导员个体的差异和其工作环境的差异，三者难以完全保持一致而呈现出理想状态。此时辅导员需要在组织的支持下，通过各种策略合理减少角色期望的多样性，提高角色领悟的充分性，保持角色领悟与角色期望的一致性；减轻角色实践的繁重性，保持角色实践与角色领悟的一致性，从而呈现出理想的工作状态。辅导员要抓住新时代的新机遇，努力让个体蜕变为既懂思想政治理论、又懂工作实操业务；既能开展常规教育管理工作，又能应急处理各类危机事件；既能埋头事务性工作，又能提笔进行理论研究的新时代高校辅导员。

在新时代高校辅导员角色建构的过程中，辅导员个体需要寻找工作中的合力来减少角色期望的多样性；加强业务学习和理论研究来提高角色领悟的充分性；总结事务性工作的规律来减轻角色实践的繁重性；提高角色

---

① 教育部. 高等学校辅导员职业能力标准（暂行）. 2014年3月.

期望、角色领悟、角色实践的内在一致性，抓住机遇建构个体角色等策略赋予角色更丰富的内涵。组织可以通过配置班主任和辅导员助理来减少辅导员角色期望的多样性；推动思想政治教育学科建设，加强辅导员专门人才的培养力度。建立职业准入制度，把好辅导员的入口关。实现辅导员工作注册制，把好辅导员工作的过程关。完善各级培训制度，加强辅导员的培训力度来提高辅导员角色领悟的充分性；通过划清辅导员工作界限，营造同向同行的育人环境来减轻角色实践的繁重性；通过构建辅导员团队，打通辅导员"多线"晋升通道，来促进新时代高校辅导员有效建构自我角色。

三、打造"互联网+思想政治教育者"的过硬师资队伍

2019年，由习近平总书记主持召开的思想政治理论教师座谈会，又再次围绕思想政治教育改革展开了热烈的讨论，会上习近平总书记表示，思政课教师队伍建设始终是改革与创新思想政治理论课程的核心内容。在互联网时代融合发展的态势之下，各类教师、辅导员及管理者，也应该协同发展建设成为一支过硬的队伍。

（一）形成网络大思政全方位育人队伍

网络大思政背景下，思想政治教育队伍建设应努力整合高校思想政治教育主体、内容和实践三方面的资源，形成教师、辅导员、管理者的全员、全过程、全方位育人的网络思想政治教育模式。

在教师层面，高校普遍具备育德作用和功能的课程，这些课程的存在，以及功能的发挥为思想政治教育课程价值的体现奠定了坚实的基础，尽管教师在授课领域所体现出来的教育价值因人而异，但无论如何，这些教师都应该主动参与到思政教育活动中，努力寻找一种可以充分发挥网络在思政教育中价值的模式和路径。教师应当巧妙地利用"互联网+"的环境，通过协同创新来摸索出一种有效、便捷的思想政治教育模式，实现自身学科教学内容与教育思想内涵的整合，充分体现思政教育在专业知识传授过程中的基础性地位。在辅导员方面，辅导员肩负着大学生所有的事务，是大学生最亲近的老师，虽然辅导员承担了许多较为烦琐、琐碎的事

物，工作压力也不小，但是应将教师与辅导员的工作在大思政的视角下进行有机融合，实现理论知识与管理的全方位育人。在管理者方面，管理者平时都是参与学校的行政事务，脱离了大学生的日常生活，管理者所以在网络大思政的队伍建设下，要依托互联网的技术与特性进行队伍的相互兼容与资源共享。

（二）强化思想政治教育工作者的"互联网+"思维

在思想政治教育活动中，教师属于"领航人"般的存在，这就要求教师进行思政教育之前要对目前的发展环境有一个全面且深入的了解。互联网的出现对于创新思政教育方法起到了辅助的作用，所以教师要主动接触和了解"互联网+"的本质和内涵，掌握相关知识和软件，顺应"互联网+"时代的发展。具体而言，就是要求在不影响自身专业教学活动的前提下，引入互联网技术，改变定势思维，利用互联网不受时间、空间限制的优势开展各种教学活动，特别是思想政治教育互动。学生和教师在"互联网+"环境下的地位会更加平等，而且更愿意与对方互动，最后达到预期的思想政治教育目的。教师和学生在"互联网+"背景下可以平等地对话，教师不再高高在上，学生也不再惧怕教师，双方能够和平、愉悦的沟通、交流，网络平台的出现使教师更容易走进学生的心理和思想世界。年轻教师最近几年都养成了在网络上与学生沟通的习惯，因为互联网可以让教师足不出户就能了解学生的思想动态，发布教学任务，避免了教育资源的浪费。而且教学效果有所保证，学生隔着网络也更愿意将自己的真实想法告诉教师，师生感情升温迅速。但是，即便网络已经走进了学校，但是也不排除一些教龄比较长的教师因为思想守旧，而不愿意在课上和课下使用网络开展教育教学活动，而且这部分教师占比较大，故而影响了学校开展网络思想政治教育活动的效果。诚然，也不是说这些教师不使用网络进行教学就是不好的，而是树立"互联网+"理念是一种迎合时代发展，参与教学方式创新和改革的表现。有些教师虽然会利用多媒体开展教学活动，但是离真正形成"互联网+"思维还有一段距离；还有个别教师单纯地认为只要在教学中使用电脑就是顺应"互联网+"时代的表现，理解不到位也是影响"互联网+"与教学融合的原因之一。故而，引导教师形成"互联网+"思维是创新大学生思想政治教育方式的必由之路，要让教师不仅能够娴熟地运用互联网平台和信息技术，还要发挥它们提升思想政治教育效果的作用。

四、要健全激励机制

当前我国有些省市划拨专项资金用于提高高校思想政治教育工作者的待遇，这是重视思想政治教育和思想政治工作的重要表现之一。但另一方面，又要警惕另一种苗头的出现，即单靠发津贴或补贴来调动从业者的积极性。这既可能牵涉地区间经济社会发展不平衡并因此导致同工不同酬的问题；也可能导致其积极性没有被调动，反而滋生惰性。正确的做法是以激励机制改革和调整为突破口，提升高校思想政治教育和思想政治工作质量。此外，思想政治理论课课程教学活动中存在大量重复劳动，这一点容易滋长职业倦怠，拖累教师自我发展，这也是激励机制确立过程中需要考虑和研究的问题。

第七节 教学体系的集成创新

一、教学体系集成创新原则

（一）坚持依据教师队伍实际进行教学体系集成创新

从宏观角度审视教师队伍，主要是从较大区域范围的角度观察区域内思想政治理论课教师的实际情况，主要看数量，结构、学历、培养体系、梯队建设、培养机制等问题。这些方面的矛盾处理得好的地方，集成创新的基础和前景就比较光明，这些方面的矛盾处理不好的地方，集成创新的基础和前景就需要发挥创造性，努力加以解决。

从中观角度审视教师队伍，主要是从一个学校的角度观察学校思想政治理论课教师的实际情况，除了看数量，结构之外，也要看本校的培养体系、梯队建设、培养机制等问题，特别要观察学校范围内思政课教师的成长发展问题，创造出一个留得住、愿意干、争着干的环境和氛围，为思政课教师队伍的稳定发展创造出良好的发展空间。

从微观角度审视教师队伍，主要看每一个体的学历背景、优点不足，以及发展特点和个人实际。要对教师进行区别化培养，精准式推进，要把教师个体的实际情况和他能担负的任务有机统筹，在最大化各自优势的基础上，进行集成创新，要把教学和科研方面的难题交给最适合创新的团队或个体，才能实现人才队伍资源开发创造的最大化。

（二）坚持依据教材和学情进行教学体系集成创新

依据教材和学情进行集成创新的目的在于保证创新的方向和步骤，脱离教材进行任何形式的创新，思想政治理论课就有可能变成"鸡汤课"，也会大概率脱离思想政治教育理论课的本质。比如就"中国近现代史纲要"而言，如果脱离教材进行创新，那么就可能把这门课程当历史课来讲，而忘记了这门课程的本质和核心任务，毕竟这门课不是历史课，而是政治课。对"思想道德与法治"课程而言，如果脱离教材，大概率会变成"鸡汤课"，所谓"鸡汤课"就是没有营养价值的课。为此，必须依据教材进行集成创新。同时也要依据学情进行创新，学情是教学创新改革能否正常开展的前提，无视学情的创新，会事倍功半，见不到实效，浪费各类资源。比如对于理工科学生和文科学生，不能适用统一的教学模式和教学方法，无论是资源配置还是讲授方式，以及任务安排都要体现出学情的实际，反之，所谓的集成创新距离初始目标就会越来越远。

（三）坚持依据教学反馈进行教学体系集成创新

依据教学反馈进行集成创新是一个及时互动、不断调适，争取让教学不断得到进步的过程。所以，教学反馈要确保及时性和长效性，即一方面在较短区间内讲究及时反馈，一方面在较长区间内讲究跟踪反馈。也要确保其科学性和合理性，要在尊重思想政治教育教学的基础上进行评价和反馈，反对一刀切的评价反馈，反对不顾及实际学科特点的评价反馈。教学反馈也要注意全面性和综合性，确保教学反馈不是单独的、片面的评价，要确保学生主体地位，要将专家意见和学生意见，以及其他听课老师的意见综合全面、实事求是反映出来，否则也会给教师本人带来偏差性引导。

二、教学场域的情景构建

（一）建构科学高效的教学场域

科学高效的教学场域能够确保学生学有所得，确保教师教有所获，师生双方同时得到价值实现。为此，科学高效的场域构建务必做好以下几个方面的工作。

一是教材体系到教学体系的成功转化。这种转化的成功能够避免照本宣科、全堂灌输和单一枯燥的讲授；能够将教学重点、难点和教学目标与时代相结合，与学生相结合，与国情相结合，从而使学生身临其境，感同身受，自觉与祖国人民同呼吸共命运，自觉将人生价值的实现与国家人民的富强、幸福有机结合在一起。

二是尊重学生成长规律和教育教学基本规律，辅之以特殊事情特殊处理，应用科学合理的方法路径为实现思想政治教育的目的而努力。

三是把握思想政治教育的特征，学会灵活应用思想政治教育方法，完成思想政治教育的主要任务。思想政治教育具有导向性、群众性、渗透性和综合性等特征，也有基本教育方法如理论教育方法、实践教育方法，以及批评与自我批评方法，还有具体教育方法，如疏导教育法、比较教育法、典型教育法、激励教育法、感染教育法、心理疏导、预防教育等多种方法。依据学科特点，坚持诸多方法的灵活应用，是建构科学高效教学场域的基本要求。只有如此，才能确保师生得在其中。

（二）建构危机管控的教学场域

教学场域作为一个密闭狭窄的空间，由于师生之间、学生之间的交流互动而构成一个交往共同体，由此决定了矛盾的必然性。作为教师，必须做好场域管控，否则会给多方带来不必要的损失。其中突发性危机事件最为考验思政课教师的教学场域管控和创新能力。为此，要合理利用场域内突发事件，进行积极转化，避免消极共振，能够在"谈笑间"给学生以巨大的心理震撼，从而达到思想政治教育特别强调的立德树人效果。"教育是一种技术，更是一种艺术，教育工作兼具技术性和艺术性。"例如，学生在课堂玩手机早已司空见惯，很多学校为了杜绝这一现象，采用非常之法，课前收缴集中者有之，不准带入课堂者有之，严厉处罚者亦有之。笔者对此类方法并不认同，也不赞成为了提高抬头率而强制学生不带手机或者收缴手机，应该对玩手机者进行积极正面引导，引导他们走到认真自觉听课的路上来。例如有一次某女同学玩手机，点开了某视频播放平台，背景音乐是流行歌曲《少年》的片段。歌声响起来之后，学生非常紧张慌乱，以为笔者要责怪并严厉处罚她。但笔者并没有责怪她，而是进行了积极正面引导，立即停止了讲课，紧跟着音乐唱出了后面的唱词，并进行了"刻意的表演"，唱完之后，课堂上响起了热烈掌声。但教学场域的构建并没有就此结束，笔者紧接着从这首歌的歌词出发，适时引导学生理解不忘初心，理解理想信念，学生深以为然。那个上课玩手机的女同学从那以后再也没玩过手机，而是认真积极投入学习，结课考试成绩非常优异。从此案例可以发现，科学高效的教学场域建构能够确保师生得在其中，从而推动师生双方走上良性循环道路。

第八节 思政教育育人体系构建

一、课程育人与实践育人

课程是对教学目标、内容、活动的主要手段和时间进程的总体设计和规划，是完成教学内容，切实贯彻立德树人根本任务的重要载体。统筹推进课程育人，就是要把课程看作是育人工作的中心环节，紧紧围绕立德树人的根本任务和全国普通高等院校"双一流"建设的目标，着力推进课程建设，不断提高课程育人的效果。

实践育人是马克思主义认识论的必然要求。具体来讲，就是做好如下工作：一是要坚持执行相统一、理论和实践相结合，不断增强实践育人的意识，深入推进实验实践教学改革，整合校内外资源，积极搭建实践育人的平台，努力打造实践育人精品项目，不断培育实践育人的品牌，让社会实践成为生动活泼、行之有效的教育教学形式，进一步凸显实践育人的价值；二是进一步加强创新创业教育实践，不断夯实实践育人的质量，青年学生精力充沛思维敏捷，不因循守旧，创新创业意识强烈，因此要不断推进创新创业课程建设，鼓励和支持青年学生积极参与创新创业实践，通过"挑战杯""双创赛"等活动，教育和引导广大青年学生正确认识创新创业的艰难、收获创新创业的乐趣、创新创业的意志，不断提升青年学生的实际工作能力；三是要积极鼓励学生参加暑期"三下乡"活动和青年志愿服务活动，只有深入农村社区、工矿企业才能全面了解中国社会的国情民意，才能深刻认识、正确评价党和国家提出的"脱贫攻坚""乡村振兴""西部开发""东北振兴"等战略方针政策的重大意义和现实价值，才能真正起到"受教育、长才干、做贡献"的作用和效果。

二、科研育人与组织育人

科学研究是高等院校五大职能之一，也是普通高等院校师生服务国家和地方经济社会发展的主要途径之一。当前要发挥普通高等院校科研育人的优势，一是要进一步弘扬高等院校"崇尚学术、追求卓越"的学术科研理想，不断激励广大师生科研救国、科研报国、科研强国的爱国热情；二是要加强科研队伍建设，打造一批高水平的科研团队，打通科研与教学之间的盲点、难点；三是要不断提升科学研究的能力与科研管理的水平，强化学术道德评价和科研诚信约束机制，实现在科研实践中用科研精神育人的目的；四是要加强科研合作，通过不断健全和完善校企合作、校地合作、校校合作及国际合作交流机制，不断搭建育人的平台与产学研相结合的综合基地，为学生的成长、成才提供更多的机会和更大的空间。五是要把问题导向和"以人民为中心"的价值引领，始终贯穿科研项目的选题设计、立项研究、成果转化与应用的全过程，始终做到科学研究无国界，但科学家有祖国，不断培育和践行学生的人民科研立场。

强化普通高等院校党建引领作用，把党的组织建设与普通高等院校的育人工作相结合，通过发挥广大师生的党员先锋模范作用，提高人才培养的质量与水平。积极优化组织育人，一是要明确党委领导下的校长负责制，有效促进学校各级党组织自觉担负起管党治党、办学治校、育人育才的主体作用，充分发挥党在人才培养中的组织保障功能；二是加强党对普通高等院校意识形态工作的领导，强化马克思主义学院建设和思政理论课建设，不断提高思政教育的实效性；三是通过开展党支部书记"双带头人"培育工程、普通高等院校基层党建"对标争先"计划，以及党的基层组织标准化建设等活动，引导广大党员干部在组织育人中发挥先锋模范作用；四是通过党的组织建设，发挥工会、妇联、共青团，以及学生会的育人纽带作用，在党的领导下形成各级、各类群团组织协同育人的合力。

三、文化育人与网络育人

深入推进文化育人，一是要强化对大学生的理想信念教育，积极培育和践行社会主义核心价值观，把社会主义核心价值体系融入教育教学的全过程，不断凝聚社会共识，提高广大学生的思想道德水平；二是要建好主阵地，唱响主旋律，牢牢掌握普通高等院校意识形态的领导权，防止各种错误思潮对我国普通高等院校的渗透；三是要大力弘扬和传承中华优秀传统文化，我国有五千年的历史，积累和沉淀了浩瀚的传统文化的精华，实现文化育人就是要充分发挥文化在人才培养中的浸润与熏陶作用；四是要深入挖掘红色文化的育人内涵，构建红色文化资源涵养初心、使命的长效机制，不断促进红色文化的传承与创新发展；五是要大力发展校园文化建设，通过创建校园文化品牌，不断彰显校史、校风、校训、校歌所蕴含的育人价值，充分发挥校史、校风、校歌的育人功能，不断增强学生的自豪感和自信心。

互联网为社会公众提供了生产、工作、生活的便捷，已经成为人们日常生活的一部分。同时，互联网也是教育教学的重要平台和主要阵地。互联网在造福人民生活的同时，也带来了一些问题。网络空间生态事关群众利益与国家安全。青年学生是网络空间的主要人群，因此，开展网络思政教育，创新网络育人是各级、各类学校应尽的责任。创新网络育人工作，具体来讲：一是要强化网络意识，统筹规划学校网络建设与网络管理，不断提高网络管理、网络使用与网络治理的能力与水平，形成良好的网络育人生态环境,使互联网成为弘扬社会主义核心价值观,传播社会正能量的工作平台和育人阵地;二是要促进网络人才培养工作,不拘一格培养计算机、互联网信息、通信技术等方面的研发人员、运营人员与网络信息管理人员;三是要有组织地开展网上思政教育工作,通过建设在线课程和开展网络文化活动以及优秀网络作品展播,有效促进思政教育工作与互联网信息技术的深度融合,鼓励专家、学者、教学名师、辅导员、班主任积极参与网络育人,提升广大学生的网络文化素养,培养一批网络思政教育的精品项目;四是要通过开展红色文化资源数据库建设优秀文化遗产数字化抢救与保护,弘扬和传播中华民族优秀传统文化与社会主义先进文化;五是要进一步加强智慧校园建设与普通高等院校融媒体建设,为普通高等院校人才培养提供更为完善的信息化平台支持。

四、心理育人与服务育人

个体健康包括了生理健康和心理健康。现代社会随着运行速度的加快,社会生活的不确定性越来越明显,再加上激烈的竞争所造成的工作、生活、学习上的压力,使得社会成员在不同程度上产生了一定的心理紧张,如果这种心理紧张不能被缓解,就会使极少数个体出现心理上的过度焦虑、抑郁,甚至是心理错乱的情况。在普通高等院校的育人过程中,也时常会出现极少数的个体心理出现不正常的情况。因此,要把育人、育德和育心相结合,不断提高大学生的身心健康水平。在高等院校大力促进心理育人,一是要把心理健康纳入课程教学体系,实现心理健康知识教育的全面覆盖,使每个学生掌握必要的心理知识,具备一定自我心理调节能力;二是要加强心理教育的师资队伍建设,并根据学生数量的多少,配备一定的心理健康教育专业教师,定期对学生开展心理教育讲座和专业的心理咨询服务活动;三是要建立普通高等院校大学生心理预防体系,通过对学生的入学心理筛查,有针对性地开展心理卫生健康教育和心理咨询服务活动;四是开展心理治疗,形成科学的心理干预机制,对单亲家庭子女、贫困家庭子女、肢体残疾等特殊学生群体开展针对性的心理辅导服务,帮助他们增强克服困难的信心和勇气,同时,针对有一定心理阴影或心理疾病的学生积极进行心理干预，鼓励他们及时接受专业的心理理疗和必要的医学治疗；五是把心理教育与德育、美育、体育和文娱活动紧密结合起来，通过健康有益、形式多样的教育教学及文化体育娱乐活动，帮助受教育者缓解心理紧张，养成积极乐观、奋发向上的人生态度。

服务育人就是在不断提高服务质量的过程中，融入育人的元素，让人感受服务的温暖，体验劳动的价值，明白做人做事的道理。不断深化服务育人，就是要充分发挥学校后勤保障、图书资料、医疗卫生、安全保卫等服务性部门单位的育人功能。通过供给侧改革，向学生提供针对性的暖心服务，在关心人、帮助人、服务人，为他人有效解决实际问题和切实困难的过程中实现教育人、引导人的功能。不断深化服务育人，一是要明确梳理各级、各类服务岗位的育人职责与育人功能，通过育人效果评价，确定服务岗位的效能；二是通过提升服务能力，增强服务供给水平，优化服务流程，让师生在学科建设、课堂教学、科研申报、财务报销、出国留学、后勤服务、实验实习、档案管理等各项活动服务中，体验和感受服务的及时、专业与高效，温暖、贴心与尊重；三是积极鼓励学生参加一定的公益服务岗，培养学生的服务意识和服务精神，养成热爱劳动，乐群好生的健康心理与习惯；四是加强学校服务部门和服务体系建设，充分发挥服务的"窗口"作用，通过补齐服务短板，提升学校育人的保障功能。

五、管理育人与资助育人

在推进学校管理科学化、制度化的同时，强化学校管理育人的功能。一是要做到管理服务师生、管理尊重学术、管理依法进行，不断提升管理服务水平，通过人性化管理提升育人的效能；二是要健全管理育人的制度体系，严把教师的入口关、考核关和人才引进关，加大对违反党纪国法、师德师风和学术不端行为的查处力度，把育人功能纳入考核范围，将管理育人的软指标变为硬约束，杜绝产生管理育人的负面效；三是根据好干部的标准选人、用人，选优配强各级领导班子，把能干事、想干事的教学科研骨干分子选拔到领导岗位上，发挥干部管理的导向功能，形成风清气正的育人环境；四是为学生提供一定的志愿服务、勤工俭学、实习实践等管理岗位，在言传身教、潜移默化当中提升学生的自我约束与自我管理能力，增强育人的协调性；五是开展多种途径的奖优评先活动，大力开展师德师风方面的宣传，通过培育和设立"黄大年"式的教学科研团队、"共产党员先锋模范岗"及"管理育人示范岗"，充分发挥先锋模范人物的示范带动作用，用他们的实际行动教育和引导学生树立正确的人生观、价值观。

近年来，我国的经济社会建设取得了前所未有的成就，但由于发展的不平衡、不充分，部分地区尤其是中西部地区的个别地方，还存在着家庭经济比较困难的情况，部分孩子的上学费用仍然是其家庭沉重的负担。因此，全面推进资助育人，一是要加强学生资助工作的顶层设计，健全和完善国家资助、学校奖助、社会捐助、个人资助的可持续发展资助体系，不断完善和规范资助管理制度，确保资助资金精准到人；二是在"扶贫救困"的同时，"扶智""扶志"，构建物质帮助与道德浸润、能力拓展、晋升激励相结合的长效资助育人机制，着力培养学生的自尊心、自立心、感恩心和艰苦奋斗的精神；三是要做好大学生勤工助学工作的设置与管理，鼓励本科生、研究生积极参与学校的助研、助教、助管及辅导员工作岗位，引导学生通过校园服务，获得帮助，并通过教学科研和管理实践培养兴趣、开阔视野、提升工作能力；四是积极筹措社会资金，通过社会捐助和设立奖学基金，帮助困难家庭孩子解围脱困、完成学业，助力其实现和深化人生梦想，为国家培养更多有用的人才。

第六章　新时期高校思政理论课考试方式及教学评价的改革

评价体系作为一个整体意义上的反馈过程，不同于课堂教学反馈和评价。如果课堂教学反馈和评价属于微观评价，那么评价体系则是宏观评价。这种宏观评价同样事关思政课教师的获得感和成就感，事关思政课教师队伍整体能否实现可持续发展壮大，事关思政教育（工作）能否为中华民族伟大复兴持续贡献积极的能量。因此，做好评价体系的集成创新工作，事关思政教育集成创新的"最后一公里"，其重要性不言而喻。本章分别从新时期高校思政考试方式改革、新时期高校思政教学评价改革两个方面，对新时期我国高校思政理论课改革进行全面、深入地论述。

第一节　新时期高校思政考试方式改革

一、重视考试系统的开发和维护

为了推进思政课网络考试的顺利落实，学校必须重视网络考试系统的开发和维护，学校应该在原有教师和管理人员的基础上进行适当调整和组合。可以通过对校内网络技术掌握的较好的教师进行相关培训，使他们具备开发和维护网络考试系统的能力；或者可以引进软件开发人才进行专人管理；又或者可以与网络公司进行合作，通过网络公司开展平台的开发和维护。

学校要将网络考试系统的开发和维护工作，作为高校思政课教学改革工作中的重要部分，给予相关人员适当的待遇和权力，以此调动参与人员的积极性。除此以外，学校要重视对全体思政课教师的网络技术能力的培养，以便他们可以更好地适应网络考试的新形式。对教师的网络技术能力培养有很多方法，可以邀请专家到校为教师进行培训，也可以开展教师在校外的技术培训；可以采用集中培训的方式，也可以采用分期、分批培训的方式。要将教师的网络技术能力纳入教师能力评定系统，使网络技术能力成为评价教师教学能力的一个因素，以此保证高校思政课网络考试的效率。

二、教师全员参与试题编写

思政课网络考试试题库建设是一个庞大的工程，应该充分调动全体高校思政课教师的积极性来进行试题库的建设，在建立试题库时，应该进行协同分工，通过集体的力量共同攻克重点和难点。试题的编写要遵循高校思政课课程理念、课程内容逻辑体系、考试命题原则，进行科学合理的试题制订，同时要更注重命题的创新，不能只注重理论知识，要结合实际注重对知识运用的考查。例如，可以将社会热点问题和学生生活中面临的实际问题融入试题编写中，使思政课网络考试的重点相较传统的思政课考试有所革新。按照任教的课程，可以将教师进行分组，这些教师可以按教材章节分工编写试题，并定期进行研讨会组成题库。同时，试题不可以一成不变，应该逐年增添新的内容，淘汰过时的内容，以保证题库的时效性。因为网络考试的系统目前无法实现对主观题进行阅卷，所以教师要在客观题的基础上丰富试题的背景材料，通过添加图片、音频和视频等材料，扩大考查的方面，可以对学生阅读材料、捕捉信息、提出问题、分析问题和解决问题的能力进行相应的检测。因为我国高校思政课教材统一，所以在建立网络考试题库时，可以与其他学校进行合作，这样既可以适当地缓解教师的压力，同时还可以获得更多的命题思路，合作建立题库再进行资源共享。除此以外，为了更全面地检测学生的学习成果，可以在进行网络考试的同时，采取适量的案例分析、调查报告、小论文等方式，测评学生的知识运用能力，通过客观题与主观题相结合，网络考试与传统考试相结合的方式，完善考试系统。

三、激发教师运用网络考试信息

在实施思政课网络考试后，相较传统的纸质考试，网络考试资源和考试信息存储上有很大优势，思政课教师可以通过网络考试系统及时进行考试数据的相关研究和分析。为了充分利用网络考试信息资源，应该鼓励教师运用网络考试的信息，通过对考试信息数据的分析为今后教学的发展方向提供科学有效的支持。学校的相关部门可以要求教师按照考试信息数据对试题的难易度、学生对知识的理解与应用、不同科系学生的差异等方面进行具体的研究和分析，并定期向管理部门和组织提交研究报告，使网络考试真正发挥其作用，促进教学的整体改革与创新。同时，也可以依托学校等各级、各类教科研研究项目，激励教师进行有计划、有步骤的研究探讨，促进教师将教学、考试和研究有机结合，不断提高教师的专业综合素养，通过网络考试的方式激发学生对思政课程的兴趣，并从中得到帮助。

第二节　新时期高校思政教学评价改革

一、教育教学评价类型

（一）社会评价

当前社会机构的评价在网络上备受关注，每年发布之后，都会在网上网下引起巨大波动。这些社会机构本身在网络上具有较大的曝光度，它们的评价成果以各个学校及所属学科在过去一定时间（三个月、半年、一年、两年不等）内取得的成绩（公开成果为主）为主，形成指标大类，并加权得分而成。当前具有较大社会影响力的评价有武书连中国大学排行榜、软科大学排名、瑞路大学排名、QS世界大学排名、校友会大学排名、泰晤士高等教育世界大学排名、世界大学学术排名等。这些排名机构无一例外来自民间，伴随网络信息时代的到来，给社会造成了巨大的影响。一方面，对社会公众而言，每年高考结束后填报志愿，各个排行榜都会成为考生和家长检索的重要对象，也成为街头巷尾人们议论的主要话题。左邻右舍、亲戚朋友谁家的孩子考进什么排名的学校，都已经成为主要的谈资。考取的学校排名靠前者，骄傲之情油然而生；考取的学校排名靠后者，或默默不语，或无话可说。总而言之，排行榜带给家长、考生、旁人乃至全社会的影响，已经远远超出了排行榜本身。另一方面，对学校及所属学科而言，每当排名结果出来后，都会对学校负责人、学院（学科）负责人、学校教师及学生形成或多或少的影响，因为客观上已经形成了重大的社会影响，关系到学校的社会声誉是其一，关系到下一年度招生计划是其二，关系到自身在上级领导心中的地位是其三，关系到自身的职业进阶是其四。由此可见，无论是对人民群众，还是校方，社会评价机构的排行本身造成的深刻影响已然显而易见，这种趋势的继续发展和加强是必然的。

（二）主管部门评价

学科排行和学校排名除了社会评价之外，教育主管部门的评价被各个学校更为看重，成为工作成绩的主要衡量指标。目前教育部门的评价主要以教育部普通高等学校本科教育教学评估专家委员会的本科教学评估为主。进入新世纪以来，随着越来越多的学校升格为本科学校，由此机构进行的官方评估成为各学校检验工作成绩的权威依据。教育部已经于2021年1月21日发布了最新一轮的《普通高等学校本科教育教学审核评估实施方案（2021-2025年）》（教督〔2021〕1号）。除此之外，教育部下放给省、自治区、直辖市、新疆生产建设兵团教育主管部门的普通高等院校高专院校评估权，要求各地五年为一轮，认真组织开展辖区内普通高等院校高专院校人才培养工作水平评估。教育部为了保证评估的真实有效，每年都将抽查部分省级教育行政部门的评估工作，并在系统内公布抽查情况。上述两类评价是目前各学校最为重视的一项工作，每一次评估结束之后，都会将评估结果作为本校、本学科开拓新局面的重要参考。因为这类评估是现场评估，面对面检查调研和座谈的结果，选取的指标虽然和社会评价机构选取的指标有相同相似之处，但权重不同，评价角度不同，结果也就自然不同。这种现场评估不同于社会评价机构仅仅从社会公开信息中选取指标进行的评估,它更加关系到学校工作成绩的评价,因此,也被各个学校作为定位自身地位更加权威的参考标准。

(三) 办学单位自主评价

在国家大力提倡办好本、专科教育的号召下,各个高等学校统一思想认识,重点抓课堂、抓教师、抓学生,在职称评定、奖励先进等方面,侧重教育教学在评价体系中的分量,也分别设置教学为主型、教学科研型、科研为主型、社会服务为主型的职称评定晋升制度。在此类制度的有效促进下,自主评价已经常态化。课程调研、教师技能竞赛等工作成为各学校教务部门的核心工作,评价结果也成为考核教师的主要标准。有些学校在职称晋升中,其自主评价结果的权重甚至高于上级教育主管部门或者学科全国委员会评价结果的权重。从这些常态化的评价中,可以看到,抓课堂是大方向,抓课堂教学质量是核心任务,要求素质高、能力强的老师充实一线教学已经成为共识。

上述几类评价及其结果一方面显示了评价体系的多元和独立,另一方面也显示了评价体系众多。追求科学公正的评价是一种愿景,但如果评价不当,就会对学科和学校造成伤害。鉴于思政教育的特殊性,如果评价不当,伤害的程度则会更严重。

二、高校思政教学评价存在的问题

(一) 评价方式、方法方面

1. 评价方式比较单一

由于高等院校在思政课教学质量方面的评价较为单一,一般是使用传统教学评价方式来进行评价。比如学生与教师通过填表、打分形式;或者通过召开学生、教师会议来进行评价;也有的邀请专家来对思政课教学提一些意见等。只看中对教师课堂教学的检查和考核,学生满意度所占的比例过重,缺少定量和定性的有效结合,导致这些评价方法的偶然性、局限性较大,难以真实地反映学校思政课教学全貌。比如,对思政课教师教学质量的评价中的学生评教方式。当然,一个教师教学质量的高低,学生最有发言权，但是如果过于强调学生评价在教学质量评价分值中的比例，那么也会略显不合理。因为学生的知识经验较为缺乏，所以他们对教学质量的评价会有失偏颇，再加上一些学生会因为教师的批评而对教师抱有情绪，所以在评价过程中会存在不负责任的随意打分的情况，这样就会导致评价的结果偏离实际。还有些高等院校把学生的考试成绩作为评聘教师和考核教师的重要条件，使得一些教师在出卷、改卷、赋分等环节频出状况。这些评价方式很难反映出思政课教学质量的整个面貌，具有很大的局限性。

多数高等院校更多的是以量化评价为主，量化评价通常是以数量形式来体现出客观性，也存在一定的局限性。评价方法不同，其评价结果也不尽相同，最终的评价结果也无法反映出真实情况，因此单一的评价方法不利对思政课教学质量的评价，需要进一步丰富评价方法。

2. 评价方法适用度低

近年来，在高校思想政治理论课评价过程中，我们从国外借鉴了包括档案袋评价方法、表现性评价方法等相对理论性强、难度性大的方法。对于国外优秀成果进行借鉴学习是获得快速发展的一个重要途径，但是要想合理运用和掌握这些"舶来品"，这对于评价主体自身评价素质要求极高。我们不能完全照搬其在国外具体实践中的做法，必须根据我国高校思政课教学特点进行相应的调整和改变。由于多个因素影响，评价主体与评价方法之间存在脱节现象。因此，我们不能盲目照抄、照搬国外的考核评价方法，必须考虑我国高校思政课课堂教学考核评价的特殊性，对于各类方法的学习借鉴也要做出适当的调整和改进，要让这些方法能够发挥最大的功效。对于新的考核评价方法不应仅仅是内容形式上的改变创新，其中更是蕴含了评价理念。受到自身评价素养影响，会造成其无法理解和驾驭新的评价方法，无法最大地发挥评价方法的功用。

进入新世纪之后，我国思政课课程设置、课时规定、教材内容都进行了一些调整，这势必对高校思政课课堂教学的开展产生影响，那么对于其考核评价标准和方式方法也应做出调整。一些传统的评价方式方法难以适应这种快速变化，变得不太适用。

3. 评价方式、方法创新运用度不够

当前的思政课课堂教学评价仍然沿用传统的打分、评级、考试考核和

评价意见等方式开展，这些评价、方式、方法在过去对我国高校思政课课堂教学的考核评价活动的开展，发挥过积极的促进作用。思政课教学目标和评价目标的抽象性和复杂性，决定了我们必须运用新的评价方式和方法，但目前评价方法创新研究和具体实践不够深入。这样一些简单的量化和质性评价并不能很好地对思政课课堂教学效果和学生学习效果，以及其他非智力因素进行全面的反映。因此，我们必须创新运用新的评价方式、方法，削弱传统评价方式、方法的不良影响。在评价中偏重于采用他人评价的方式，还有各个高校广泛采用网络评价的方式，使得评价方式僵化，缺乏灵活性。通过网络参加思政课课堂教学评价优势使评价涉及范围广、方便快捷并且易于分析考核评价结果，其局限在于评价深度不够。部分学校以期中期末座谈会的方式作为补充，这便于具体深入了解思政课课堂教学中存在的、无法通过具体量化分数表现的问题，其局限在于参加座谈会的人数较少，只具有一定的代表性。

（二）评价对象的片面化

教学质量评价是一个系统工程，教学效果如何是教学活动过程中各方面因素共同作用的结果。事实上，教学活动的质量与教育主管部门的管理、学校相关教学设施完善、教师教学能力及学生的学习态度有关，那么这就表明了教学质量评价对象所具有的多元性及全面性。通常而言，评价对象包括了教师、学生、课程及教材内容等方面的评价。但是现阶段的教学质量评价中，评价对象更多的是对学校教师的教学，以及教学过程进行质量评价，而对于教学的上级领导管理、支撑系统及环境系统等方面评价并不多见。

对高等院校思政课教学质量的评价，就是了解学生对该门课程理论掌握的情况，以及实现表现情况，从而可以根据实际情况制订相应的教学策略。现阶段，高校思政教学质量评价过程中，更加注重教学目标方面的评价，而对教学过程方面的评价较少，这样会很容易出现以偏概全，注重知识而轻能力的情况，不利于大学生创新能力及实践能力的提升，同时还对培养学生认识问题，以及解决问题能力方面的重视不够，在考核过程中存在一定的随意性。事实上，教学质量评价是属于一个较全面的系统工程，不是简单评价一下教学过程和学生成绩就可以得出结论的，因此，过于片面化的思政课教学质量评价是不合理的，这样不利于教学目标的最终实现。

（三）评价指标缺乏系统化

评价指标是作为构建教学质量评价的元素，不同的评价指标所起到作用是不同的，因此建立科学合理的指标有利于更地准确评价思政课教学质量。在明确思政课教学评价指标时，一定需要找准评价指标，通过展开这些评价指标，可以更加全面、准确地实现教学质量的评价。

由于高等院校思政课教学评价的内容是属于一个系统性体系，其评价指标体系的确定就是评价内容的体现。因此，有必要在评价过程中建立具体的评价主体及相对应的评价指标，并根据不同的指标设置相应的评价标准，对这些因素建立更加合理的科学体系。指标体系通常包括了评价指标系统、指标权重系统及评价标准系统。但是从现有的情况来看，评价方法通常是教师对学生学习情况评价和学生对教师的教学情况评价。现有指标体系更多的是关注教师课程教学效果评价，而很少注重课外教学和社会实践方面的评价；重在教学要素的评价，轻于教学结构的评价。导致现有评价指标缺乏系统化，评价准确性不够，评价内容不够全面，注重点也不够。因此，高等院校需要建立科学合理的思政课教学质量评价指标体系。

（四）评价指标选取标准不一造成评价结果多样

无论是社会评价还是官方组织的评估，都分成学校整体水平评价和学科水平评价两部分，选取的评价指标及各部分所占权重各有差异。例如，有些排行榜将论文指标，特别是以 SCI 等所谓国际通行权威期刊的权重设置较高，发表一篇累计多少分数，如果某个学校（及其所属学科）发表的论文数量较多，那么分值自然较高；有些学校将毕业生就业质量的权重设置较高，应用型大学的分值显然高于基础型大学的位次；有些排行将教育教学的权重设置较高，那么经常积极参加各类、各级别教学比赛的学校的成绩就会比较突出。由此可见，评价指标及其权重设置不一致，导致评价结果不一致，除了带给人民群众一些困惑之外，也存在不科学不合理的地方。例如，有些学校评价结果整体排名在全国居后，但并不代表这所学校所有学科的教学科研水平居后，很多排名靠后的学校，因为有特色学科而在全国占有一席之地，但因为学校整体评价结果靠后的原因，导致这类特色学科遭遇不公。同时，人民群众看待社会评价不看细节，只看结果，如此因为整体映像发生偏差而导致认知不足、认知偏差、认知困惑，也会给正常的教育教学造成损害，影响既定的学科规划和发展方向。

（五）评价目的不明确造成公共资源浪费

各类排行榜进行学校和学科的排行，目的何在教育部组织的教学评估比较明确，旨在督促学校巩固和提高教学质量，达到规范办学，科学办学，为党育人，为国育才的目的。但是，各类社会评价的目的是什么？这些民间机构在各个学校并没有主动要求进行排名的前提下，为什么多年来热衷于此，每隔一段时间就要发布排名结果呢？他们对各个大学及专业进行排名的意义何在？确实让教育主管部门和办学主体费解。有些网民说，社会性评价就是一门生意，换言之，社会评价机构通过主动发布排行榜，吸引看重排行的学校重视评价结果，如果有些办学主体非常重视由此造成的影响，就会以提升学校排名的需要，主动对接这些机构，通过双方的一些交流合作，达到提升学校排名的目的。没有人在这个过程中违法乱纪，但却人为造成了一种资源浪费。因此，针对近年来愈演愈烈的社会排行和评价，批评之声不绝于耳。也有些学校纯粹不关心这类评价，安心做好自己的事情。但总而言之，混乱无序和权重不一的评价确实造成了社会资源的浪费。

三、新时期高校思政教学评价改革途径

（一）创新评价理念

我们发现传统评价理念很难适应当下教育改革的发展和人才培养的需要。因此，我们要深刻理解和把握新的评价理念，坚持创新发展。在考核评价中坚持评价理念、观念创新，评价制度、评价方法创新，营造创新氛围，为培养高素质、创新型社会主义建设者和接班人服务。

树立"以学生为中心"的评价理念。"以学生为中心"并非是以往"学生中心论"中简单地对学生、教师谁处于教学中心地位的简单论述，

第六章 新时期高校思政理论课考试方式及教学评价的改革

而是以批判继承的眼光，结合我国高校思政课课堂教学评价实际，对其进行丰富具体的阐述。

近年来，"以学生为中心"的课堂教学作为一种新的教学范式已经被人们广泛认可，伴随而来的课堂教学考核评价也应该看到学生在课堂教学评价中的主体地位。然而在以往的评价中，多是以教师和学校相关部门为主导来开展的。虽然已经意识到应该尊重学生评价主体的重要地位，也在具体的实践中重视学生参与课堂教学评价，但由于种种因素影响，学生作为评价主体在实践中发挥的作用并未到达最大化，基本上都是在传统的考核评价体系上稍作修改，改革力度不强。

所以，要树立"以学生为中心"的评价理念，这种评价理念在思政课课堂教学考核评价中主要指以下几个方面：第一，将学生作为高校思政课课堂教学考核评价活动的重要主体，真正落实学生的评价主体地位，不仅仅是形式上，这有利于学生清晰地认识到参与考核评价工作的重要意义，从而提高对该项工作的重要性认识；第二，在构建"以学生为中心"的高校思政课课堂教学考核评价时，最终目的要为学生服务，作为重要评价主体的学生也应该意识到分数的高低并不是学习的最终目的，而是要认识到课堂教学活动开展的最终的目的是促进自身的发展，包括知识的获取、能力的提升、素质及情感态度价值观的养成；第三，在构建考核评价指标体系时要以学生为中心，改变以往考核评价指标设置过分偏重于对思政课教师课堂教学行为的评价，指标设置也要涉及学生学习行为、学习状态等方面；第四，设置学生使用的思政课课堂教学评价表时，必须充分考虑学生的实际情况，要实现该评价用表与学生之间的高度契合，比如说设置的相关考核评价指标的内涵必须清晰，便于学生理解，学生用表必须让学生便于使用；第五，关注学生考核评价素质的培养，学生既是参与者又是评价者，如何在二者之间平衡转换是需要一定的能力的，目前我国普遍要求学生积极参与评教活动，但是对于学生有没有较高的评价能力关注的却不多，也就是缺乏对学生进行有效评教能力的培养。

树立"以学生为中心"的考核评价理念，其实就是让我们把关注点从原来的教师身上转移到教学重要主体的学生身上来，思政课教师把可以看作思政课教学中的"供给者"，学生可以视为"需求者"或者说是"消费者"，在教育教学评价领域我们要重视"消费者"的需求，提供精准供给，让"消费者"能够得到较高的"产品质量"。

（二）正确认知思想政治教育评价体系

在以人为本的大趋势下，各高等学校积极抓课堂教学，这是学生幸事、国家所期、家长所盼。但是，部分学校教务部门在提升课堂教学质量方面，照猫画虎，照抄照搬，无视教育教学是一般性和特殊性相结合的一项工作，拿着一条尺子划线，拿着一个标准要求学校所有的老师，评价体系无视学科特点。这样的现象不仅存在于思想政治教育学科中，也存在于其他学科中。

就学校而言，工科类高校的教务部门往往不尊重哲学社会科学的基本规律，拿工科标准评价文科专业老师的教学水平；而文科为主的高校，对理工类学科的认识也存在偏差。看似积极行动的背后，实则伤害了老师投入课堂教学及改革的积极性。

就具体教学而言，思想政治理论课是一门爱国主义教育课，也是一门意识形态安全教育课，还是公民道德修养和法治素养提升课，教材所设计的内容及内容之间的关系是密不可分的，整体性是思想政治理论课的鲜明特点。所以，在一堂课上，很难做到理工类学科那样的知识点聚焦化教学。换言之，学生在思想政治理论课上听到的知识点不一定就是专门针对某一个或某一类问题的，往往具有综合性和整体性，也不一定就能立即发挥其价值和作用。在此情况下，思政课教师如果在教学设计上将教学目标碎片化、单一化乃至割裂化，显然不符合思想政治理论课的学科特点，也不符合这门课的教育教学规律。但很多学校的教务部门在检查评比中，必须要求有所量化，有所体现，甚至细化到必须说明考试题中的某一个题的考核目标。更不用说，有些教务部门严格要求教师将学生的成绩正态分布，人为制造学业差距，完全无视学生的成长发展规律。

鉴于上述不符合现实和科学规律的事情的存在，为此，思想政治教育集成创新的前提条件必须引导和规范教务部门顺应时代大势，尊重学科特点和规律，与教育职能部门、马克思主义学院及老师，一同就思想政治教育教学评价体系问题进行统一规范，与前述统一衡量标准和权重问题一同解决，以便各高等学校的思想政治教育工作能够形成最大合力。

（三）采用多样化的评价方式

评价方法的选用在一定程度上彰显了评价理念，单一的评价方式难以全面反映出思政课课堂教学的结果。为全面掌握思政课课堂教学的整体情况，客观、准确、全面地采集思政课课堂教学质量数据，必须实现多种评价方式的有效融合，为思政课课堂教学评价提供工具。20世纪80年代的考核评价活动有着非常浓厚的经验主义色彩，一般采取的课堂教学评价的方式就是"听课评课"，从考核评价主体的经验出发，结合使用评价量表对课堂教学做出考核评价。随着西方量化分析技术的引进，量化评价逐渐成为课堂教学评价的主流方式。21世纪以后，我国课堂教学评价方式趋向多元化。

质性评价与量化评价相结合。质性方法评价关注对"质"的评价，主要是拥有丰富经验的专家或教师不采用数学的方法，通过观察分析对思政课课堂教学某些内容直接做出价值判断，比如直接评定等级或者打出分数。不难发现定性评价虽然关注"质"的发展，尊重个性，但是也存在评价结果模糊、评价标准界限模糊、主观性较强等缺点。量化评价方法简单来说，就是用数值来体现思政课课堂教学的各个方面，运用具体的数值对课堂教学进行描述和表现。其具有客观、标准、精确、简明等优点，但对于考核评价高校思政课课堂教学来说，其局限性表现在难以对学生的情感、态度、价值观等方面做出准确的判断和评价，在一定程度上忽视了学生的个性发展，且标准单一，与多元智能评价的理念相悖，将复杂的、抽象的内容通过数值简单的表现。"实践证明，离开定性的定量评价，容易导致机械地追求分数的倾向，而忽略了对内在质量的要求。离开定量的定性评价，又容易使认识停留在模糊阶段，过多地依赖以往的经验和一时的印象，主观随意性大。"

自我评价与他人评价相结合。一方面，不管对于思政课教师还是对于学生来说，以往大多是采用单方面的他人评价。教师单方面对学生的学习情况做出评价，但其实学生对于自身的观察也是不容忽视的。除了学生对自身的观察评价，还可以采用小组评分的方式来对其进行考核评价。另一方面，对思政课教师的评价以往也更多采用的是单方面的他人评价，对教师进行评价的主体就包括学生、同行教师及教学督导，虽然并不是单一的评价主体，但是对于思政课教师自身的评价使用较少。高校思政课教师大多是拥有较高考核评价能力和素质的，其对于自身教学的剖析也可以作为一个重要补充。

所以，对于考核评价方法来说，一方面我们要积极创新，另一方面我们要将各类方法进行有效的结合。此外还存在某些创新方式、方法虽然创新度高，但不贴合实际，无法有效解决实际问题的现象。所以在创新相关评价方式方法时必须充分考虑思政课课堂教学的特点，还要兼顾不同评价主体的特性，让评价方法更好地为评价主体所用。当然这并不是全盘否定以往评价的方式、方法，其也有一定的合理性和促进作用。

（四）开拓思想政治理论课网上考评方式

思想政治教育课的重要环节中不仅仅包括授课这一环节，更包括考核环节，以及学生对思想政治教育工作者的评价环节。互联网技术和移动终端的发展改变了人们交流方式，微信、微博等社交媒体的广泛运用，已经成为人们接收第一手讯息、交流、产生对人对事的初步印象的重要途径。利用"互联网+"工具来进行思想政治理论课的考评，有利于促进教育个体的个性化，实现教育内容多元化，促进学习方式交互发展，教育信息传输及时。

一方面，传统的思想政治教育考核方式都是通过笔试或者课堂表现来进行的，这一考核方式不仅有一定的局限性也会给思想政治工作者增加工作量。利用像思想政治课程 App 等互联网工具来进行学生的考核，不仅可以全方位记录学生的学习内容、学习时长、学习方法，来作为考核方式的重要参考数据，还可以不限空间地点的限制布置任务和作业。另一方面，思想政治教育工作者在对大学生进行学习评价工作时，经常要受到各个方面的影响，并且工作量还会随着学生数量的增加而变重。而通过互联网工具，可自动生成大数据，对学生的学习习惯等进行可视化的评估。可随时看到大学生的学习情况，从而全方位、全过程参与到大学生的学习过程。同时，打破了由于师生关系或者年龄关系在当面所产生的距离感和生疏感，更加真实地反映受教育者的接受水平，促进新型师生关系的建立。

（五）在民主氛围中开展思想政治课互动评价

第一，树立民主教学意识，奠定互动评价的思想保障。学校的教务处、科研处等相关的教学管理部门要树立民主教学意识,细化民主教学的评价标准;并坚持在公开课、示范课等教研活动中实施和完善标准,进而将民主教学的评价标准推广到每一学科的常态课教学中,从学校层面为思想政治课互动评价提供支撑条件;思想政治课教师要树立民主教学意识,积极探索适合实际教学情况的民主教学方式,在探索过程中出现的各种问题,教师要学会利用群体的力量进行解决,积累民主教学经验;学校应该利用班会课、国旗下的讲话等机会向学生普及民主教学的知识,帮助学生树立民主教学的意识,以便学生能够及时反馈教师不民主的教学行为,更好地进行教学评价,发挥学生的教学监督作用。

第二,开展师生民主对话,奠定互动评价的人际关系保障。建立融洽的师生关系,为课前师生民主对话提供支撑。师生在民主对话中把握教材重难点、理解课标要求、完善教学设计,有利于课中民主对话的顺利实现;课中以正确价值引导开展师生民主对话,对学生提出的问题既不回避,也不妄加解读,在立足我国社会发展实际的基础上对学生进行正确的价值引导,积极向学生传递正能量,让学生在民主对话中坚定前进的方向;课后积极以反思的心态进行民主对话,师生共同反思教学过程的步骤是否流畅、情境设置是否适宜、教学目标是否达成,为下一节课开展民主教学活动提供更好的借鉴经验。

(六)根据党中央、国务院相关文件规定统一衡量标准及权重

鉴于当前各类评价多元庞杂,给思想政治教育教学及科研实践造成了困惑,有必要由教育部相关职能部门牵头,全国重点马克思主义学院及拥有马克思主义理论本科专业的相关学校组成联合评价小组,就思想政治教育教学科研的评价体系进行集成创新。具体依据的文件有:《新时代高等学校思想政治理论课教师队伍建设规定》[①]《新时代高校思想政治理论课教学工作基本要求》[②]《教育部等八部门关于加快构建高校思想政治工作体系的意见》[③]《普通高等学校马克思主义学院建设标准(2019年本)》[④] 等。

---

① 教育部. 新时代高等学校思想政治理论课教师队伍建设规定. 2020年1月.
② 教育部. 新时代高校思想政治理论课教学工作基本要求. 2018年4月.
③ 教育部等八部门关于加快构建高校思想政治工作体系的意见. 2019年4月.
④ 教育部. 普通高等学校马克思主义学院建设标准(2019年本). 2019年4月.

依据上述文件，从评价体系的内容角度出发，需要厘定评价原则、制订评价标准、设计评价方法，探讨评价路径、核定评价内容、确定评价指标及权重。就评价体系的层次而言，要区分办学层次（专科、本科、硕士、博士各个层次均需要制订相应的评价体系）、区分评价等级、区分评价类型（既要区分学校所处地域的类型，也要区分学校建设类型，还要区分学校层次类型）、划分评价对象。从评价体系的纵横方向而言，既要进行横向比较，也要进行纵向评价。从评价体系的权威性而言，要将教育部本、专科教育教学评估工作和思想政治教育专业性评价相结合，不能各自为政，各宗其脉。"评价不是目的，而只是实现目的的手段，不是为了评价而评价，必须紧抓提高教学质量这一目的，为了实现这一目的"，必须将思想政治教育的评价体系有机统一起来，防止因为评价体系庞杂引起社会对我国思想政治教育教学建设实践的认知混乱和困惑。

（七）思政教学评价主体改革方向

1. 建立多维的评价主体体系

教学评价的目的就是为了更好地调动"教"与"学"两者间的积极性与主动性，从而可以实现"教"与"学"同步提升质量，"评"起到对"教"与"学"的督促作用。由于单一的评价主体会存在一定的片面性与偏见，因此需要从多角度和多渠道来对教学质量进行评价，从而体现评价结果的公正与客观性。思政课教学质量评价主体要体现出多元化，例如：教师本人、学生、同事、领导等，也可以是企事业单位及社会的一些有关部门。多元化评价主体可以使评价更全面，不同角度会给出不同评价结果，因为思政课教学效果在于长期表现，而不是短期的结果，为使评价的准确性提升，需要形成一个多元化的评价体系，从而可以实现评价结果的公正和客观。

2. 树立协调性的评价理念

高校思政课课堂教学的考核评价工作涉及多个考核评价主体、多级教学管理部门，并且要使用多种考核评价方法。由此可以看出，该项工作的开展有赖于多方共同配合协作才能有效完成。涉及多个主体、多个层级部门，就势必会出现"利益冲突"和"权力协调分配"的问题。只有树立协调的评价理念才能够实现考核评价工作的高效开展,这要求我们做到以下三点。

一是评价主体之间的协调。我们之前提到要有多个主体参与高校思政课的课堂教学评价,由于各个主体的出发点、价值取向和利益需求存在一定的差异,所以各评价主体必须树立协调性的评价理念,协调好各评价主体之间的关系,各评价主体分工明确,各司其职。要从多元全面的角度对思政课课堂教学进行评价,确保评价结果真实客观。除了各评价主体之间的协调,还要注意评价主体与评价客体之间的协调,双方要相互配合、协调,以保证考核评价工作科学有序地开展。

二是考核评价对象之间的协调。高校思政课课堂教学考核评价涉及的思政课教师和学生也应该树立协调的考核评价理念,客观上自觉配合考核评价工作的开展,主观上认同考核评价活动。如果考核评价对象对于考核评价活动产生正面积极支持的情绪态度,那么对于考核评价工作的顺利开展是有推动作用的。反之,则会起到阻碍作用。

三是评价方法之间的协调。我们应该注意各种评价手段、方法之间的相互协调与融合。我们要熟悉各种评价方法的优点及其局限性,适当地利用另外的评价方法进行补充和完善,但不是简单生硬地将其结合和拼凑,要对其进行充分的考量与选择。

四是各个部门之间的协调。除了需要多个考核评价主体之间的协调配合,涉及思政课课堂教学考核评价的校、院两级部门之间也应该互相协同,有效开展考核评价工作。各部门必须树立协调的评价理念,不相互推诿,自觉承担起责任,相互配合才能使高校思政课课堂教学的考核评价工作有序、高效地开展,各部门还应该积极协调与沟通,保持工作方向的高度一致,为提高思政课课堂教学质量和实效性提供强有力的支撑与保障。

(八)建立科学的评价指标体系

事实上,高等院校建立起科学的评价指标体系是作为思想课教学评价的一个关键问题,同时也是思政课教学质量评价的重心所在。而规范化、专业化的评价标准是实现教学质量评价的重要基础。虽然现阶段还没有形成操作性强、设计合理及统一的思政教学质量评价指标体系,但是,高等院校也是能够按照 2015 年教育部印发的《高等学校思想政治理论课建设标准》，以及结合各个高等院校的特点，来建立有利于课程质量评价的指标体系，为教学质量评价提供重要的参考依据。

建议指标体系的设计需要满足这几点：一是高等院校思政课程教学评价指标要与课程教学目标相一致，一定要把握时代发展方向，把学生全面发展作为重点；二是所设计指标一定要具有完整性，可以更好地反映教育目标，不断反映思政课教学中的现实客观事实及客观因素；三是指标体系尽可能地符合实际教学需求，让广大教师都可以接受，具有可行性；四是建立合理的评价标准，假设评价标准太低，那么就不利于评价教师水平，而过高又使教师无法达到，因此必须以实际为准绳，以激励为目标，最终目的就是提高教学质量。

此外，高校思政课教学质量评价体系的构建还需要从以下几个角度出发。

（1）从教育者角度出发要从教育者的角度出发，构建出科学合理的思政课教学质量评价指标体系。根据现代教育理念，教师的教育过程与学生的学习过程同样都是属于评价的内容，并且"教"是质量评价的重点。因此在对思政课教学质量评价过程中一定需要突出以教学作为切入点，考核教师是否有制订周全的教学计划，是否有目的地组织学生进行有效的学习活动，能否达到预期的目标。

（2）教学准备和教学研究教学准备通常有这些准备工作，制订教学大纲、集体备课、建立教学台账、准备教学资料等。教学准备工作是作为顺利开展教学工作中的一个重要前提，也是检验教师教学态度的一种表现。集体备课的好处就是可以使教授同一课程的教师都可以形成统一教学标准，通过集体备课可以加强教师间的相互交流和取长补短，同时对课程教学规划和教学方法都可以进行共同探究。课件与教案工作是作为开展课题教学的一个重要元素，它所体现的完备性与质量高低情况，都会对课堂教学工作的顺利开展产生重要的影响。从教材的使用方面来看，自从"05 方案"实施以来，全国大部分高等院校都对教材进行了修订。学生人手都准备一册教材，这是最基本的思政课教学质量的保障。

（3）教学能力教学能力通常包括了教师处理教材的能力和对教学内容

方面的重构，还有需要具备教学设计的能力，要加强教学方法的运用与教学手段优化，这是教学最基本要求。具体而言就是要求教师对教学内容进行重构，力求表达精准、重难点突出、层次分明、思路清晰、内容新颖等。常见的教学方法有：案例教学法、启发式教学、演示式教学等多种方法。

（4）教学过程及学习效果由于教学过程和学生学习效果是作为思政课教学质量监控的一个重要内容，因此在教学质量评价中占据较大的分量，从量化指标权重来看分值为 60 分（满分 100 分）。教学过程和教学效果，有必要从教学内容与方法、评教过程及实践教学这三方面来做好评价工作。有必要对学生的学习效果和教学质量进行全面的考核和分析。

在实际的教学内容和教学方法中，有必要涵盖到具体的教学重点和教学难点，准确把握知识点，增加最前沿的教学内容，丰富教学材料，培养学生的思维和良好的动手实践能力，在教学中通过师生间互动，提高教学氛围，让学生可以从中学到更多的内容。

评教是作为对高等院校思政课教师的一次全面评价的体现，评教过程需要从多角度、多主体来着手，以多元评价为主，评价主体可以是学生、督导、同事、专家、领导等多元评价主体。在实际的评教过程中需要结合教师的现实情况设计合适的评价指标，使指标和教学目标相一致，从形成一个有机的整体性。

实践教学是作为检验思政课教学成果的一种体现，通过实践可以使学生做到学以致用，将所学到的理论知识应用到实际中来，解决实际问题。具体而言是需要做好实践方案、明确实践内容、实践效果评测等。由于思政课教学有别于其他学科，其特殊性在于学习在学校，而应用却是终生的。尤其是一些已经毕业的学生，他们将学校中所学的思想道德、精神风貌等用在工作岗位上，为企事业单位树立了良好的形象。

（5）职业素质和科研素质

教师的目的就是教学，而教学的内容是否能遵循马克思主义理论素养的要求，以及能否将马克思主义用于实际问题的解决，主要是看教师是否具备了创设教学的能力，是否具备调动学生积极主动性的能力。从教师的教学态度来看，主要看教师作风是否严谨、教学能力是否强、师生关系是否和谐等方面有关。

对教师的敬业精神的评价十分重要。对教师进行多方位的评价，是作为构成教学质量评价的重要环节，而在实际的教学过程中，通常是强调在校评价与教学过程的评价，而对于毕业后的学生反馈评价则容易被忽视。所以，建议在教学质量评价中增加毕业后学生对思政课的评价，这样可以使得评价更加全面。

四、新时期高校思政教学评价改革的保障措施

（一）思政教学评价监督制度的建立

思政教学评价监督制度的建立能够有效保障被考核评价对象的利益，也搭建起了上下有效沟通的"桥梁"。思政课教师对考核评价结果有异议，可以及时通过相关渠道向有关部门反映并且提出申诉，相关部门就个人考核评价情况核实，并对申诉人进行反馈说明，如果的确存在不合理的现象，那么可以根据相关流程开展工作。建立申诉制度能够有效弥补考核评价活动主观性强，随意性大的缺点，能够使考核评价对象的合理权益得到应有的保护和保障。

监督制度的建立可以看作权力对考核评价的有力规范和要求。监督是规范化运行和保障考核评价活动有效开展的基础，我们要对高校思政课课堂教学考核评价的整个流程及其结果，进行监督审核及评价。我们可以采取"自上而下"的监督与"自下而上"的监督相结合，内部监督与外部监督相结合的模式，使该领域的监督制度尽快建立和不断完善。

（二）建立健全评价结果公示、问责制度

实行公示制度有可能会导致师生个人隐私被侵犯，所以，公示机构必须要提前进行沟通，了解其思想变化，在维护其相关权益的基础上，进行公示。公示制度体现了平等和民主的精神。采用公示形式可以维护高校师生的合法权益，促进高校思想政治理论课堂教学的顺利开展。该评价体系并不是保持不变的，它会随着社会的需求和制度的完善而进行调整和改

进。同时高校对评价的结果也比较关注，在评价过程中可以分析其手段是否比较科学、公平。在此情况下，就可以为各个评价主体建立一个良好的沟通、相互质证的环境，摆脱了高校管理评价体系的束缚，并且对权力形成了约束和控制。这样有利于提高评价决策的透明度和公开度，继而得到社会群体的广泛支持和认同。

不断健全并完善高校思想政治理论课评价问责制度，需要从不同的角度做出改进。各个组织机构的职责和权限应该被明确的划分，提高其办事效率，要充分调动工作人员工作的积极性和主动性，在参与评价工作时，能够坚持使用高校的公示机制，维护良好的校园秩序，针对违规行为或不作为进行严厉的惩处。评价问责机制主要是对利益受害者进行弥补，高校思想政治理论课评价跟学生、教师的权益息息相关，同时还会影响到学生和教师未来的生活、工作等，有些评价失误可能会给教师和学生整体发展带来不利影响。

（三）建立健全元评价制度

以往我们仅仅是从完成评价次数和是否完成评价两个方面，来对思政课课堂教学评价活动开展情况进行评价，这是远远不够的。对于更深层次的评价方法的选用、考核评价指标的确定及权重计算是否科学合理、评价指标体系的建立、评价结果的真实客观性、考核评价主体工作的开展情况、考核评价主体所占比重等等较少涉及，评价制度未能做到制度化和常态化。所以，建立健全元评价制度对于考核评价活动的规范化开展，以及对该体系的建立健全发挥着重要的保障作用。

（四）建立健全评价结果

在高校思政课课堂教学考核评价中我们可以对《中华人民共和国教育法》和《中华人民共和国教师法》中的申诉制度进行相关借鉴。对于思政课课堂教学考核评价客体——教师来说，为保障其相关利益必须建立健全合理的结果申诉、监督制度。申诉制度的建立健全能够有效保障被考核评价对象的利益，也搭建起了上下有效的沟通的"桥梁"。思政课教师对考核评价结果有异议的可以及时通过相关渠道向有关部门反映并且提出申诉，相关部门就个人考核评价情况核实并对申诉人进行反馈说明，如果的确存在不合理的现象，那么可以根据相关流程开展工作。建立申诉制度能够有效弥补考核评价活动主观性强、随意性大的缺点，能够使考核评价对象的合理权益得到应有的保护和保障。

参考文献

[1] 黄建中."三全育人"视野下高校思政教学改革研究[J].教书育人(高教论坛),2021(6):99-101.

[2] 王文英.基于慕课网络平台的高校思想政治教育研究[J].红河学院学报,2021,19(1):100-102.

[3] 吕洪刚.新时代高校思政课改革创新中的"分层教学"研究[J].西部学刊,2020(24):113-116.

[4] 雷婉榕.基于"大思政教育"理念的思政课教学改革研究[J].辽宁经济管理干部学院学报,2020(6):92-94.

[5] 张贺.双向融入的校企合作思政教学路径研究[J].科教文汇(上旬刊),2020(12):72-74.

[6] 刘昭含.新时代法治理论与高校思政教学融合路径研究[J].佳木斯职业学院学报,2020,36(11):22-24.

[7] 易鹏,石定芳.课程思政教学改革的困境、特性与实践探索[J].重庆文理学院学报(社会科学版),2020,39(4):124-132.

[8] 阿斯燕.大数据时代下的高校思政教学改革策略分析[J].才智,2020(21):100-101.

[9] 蒋鹏."三全育人"视域下的高校思政教学改革研究[J].当代教育实践与教学研究,2020(13):70-71.

[10] 邬红丽.民族高校思政课远程线上教学模式研究[J].民族学刊,2020,11(3):115-122;147-148.

[11] 孟崇.VR技术视域下高校思政课教学研究[D].天津:天津医科大学,2020.

[12] 柳叶,胡佳杰,张胜威.自然科学课程思政的教学探索_以微生物学为例[J].微生物学通报,2020,47(4):1168-1177.

[13] 龙卫兵. 新时代高校思政课教学话语体系构建的基本内容与创新策略 [J]. 北京印刷学院学报, 2019, 27 (S1)：101-104.

[14] 郑文杰. 文化多元化背景下高校思政教学改革之探析 [J]. 智库时代, 2019 (51)：203-204.

[15] 贾菲. 论"互联网+"时代高校思政课教学改革面临的机遇与挑战 [J]. 文化创新比较研究, 2019, 3 (34)：152-153.

[16] 赵婷, 顾晓芬, 王秀梅. 大数据时代下的高校思政教学改革探析 [J]. 当代教育实践与教学研究, 2019 (13)：26-27.

[17] 漆学鹏. 当前高校思想政治理论课教学实效性研究 [D]. 桂林：广西师范大学, 2019.

[18] 王揽. 高校"微思政"工作优化策略研究 [D]. 南昌：江西农业大学, 2019.

[19] 王小梅. 新媒体背景下高校思政教学工作思路创新 [J]. 智库时代, 2019 (22)：107；109.

[20] 郑艳, 党斐. 双创型人才培养下的思政教学改革探索 [J]. 科教文汇（上旬刊), 2019 (5)：56-58.

[21] 贾晓宇. 信息技术应用于高校思政课改革的主要形态及其实效研究 [D]. 杭州：杭州电子科技大学, 2019.

[22] 丁爱云, 张敏. 微时代背景下高校思政教学模式研究 [J]. 湖北开放职业学院学报, 2019, 32 (4)：78-79.

[23] 余亚文. "微时代"下高校思想政治教育发展路径创新研究 [D]. 南京：东南大学, 2019.

[24] 王贤昀. 基于大数据时代下的高校思政教学改革 [J]. 黑龙江教育学院学报, 2018, 37 (12)：44-46.

[25] 彭瑛. 以就业导向为视角的高校思政教学改革探讨 [J]. 山西青年, 2018 (19)：5-7.

[26] 曹晓莉. 红色资源引入高校思想政治教育中的价值研究 [J]. 湖北函授大学学报, 2018, 31 (16)：69-70.

[27] 汤雪峰, 张海涛. 教育生态学视角下高校思政教学评价的重释与优化 [J]. 黑龙江高教研究, 2018 (8)：128-131.

[28] 石丽, 王作亮. 创新创业视角下如何优化高校思政教学模式

[J]．高教学刊，2017（19）：24-26．

［29］杨玉．探析文化多元化背景下的高校思政教学改革［J］．中小企业管理与科技（上旬刊），2016（9）：150-151．

［30］贾红国．探析文化多元化背景下的高校思政教学改革［J］．中国校外教育，2012（6）：31．